本文库受到"中国社会科学院登峰战略中国哲学优势学科"经费资助

□ 李存山／著

◎ 经史传统与中国哲学文库 ◎

商鞅评传

为秦开帝业的改革家

中国社会科学出版社

图书在版编目（CIP）数据

商鞅评传：为秦开帝业的改革家/李存山著.—北京：
中国社会科学出版社，2021.6（2022.1重印）
（经史传统与中国哲学文库）
ISBN 978-7-5203-8623-4

Ⅰ.①商… Ⅱ.①李… Ⅲ.①商鞅（前390-前338）—评传
Ⅳ.①B226.2

中国版本图书馆CIP数据核字（2021）第113501号

出 版 人	赵剑英
责任编辑	郝玉明
责任校对	张爱华
责任印制	张雪娇

出　　版	中国社会科学出版社
社　　址	北京鼓楼西大街甲158号
邮　　编	100720
网　　址	http://www.csspw.cn
发 行 部	010-84083685
门 市 部	010-84029450
经　　销	新华书店及其他书店

印刷装订	环球东方（北京）印务有限公司
版　　次	2021年6月第1版
印　　次	2022年1月第2次印刷

开　　本	710×1000　1/16
印　　张	11.5
插　　页	2
字　　数	172千字
定　　价	69.00元

凡购买中国社会科学出版社图书，如有质量问题请与本社营销中心联系调换
电话：010-84083683
版权所有　侵权必究

经史传统与中国哲学文库编辑委员会

主编：赵汀阳　张志强
委员：（按姓氏拼音为序）
　　　陈　霞　刘　丰　任蜜林　张利民　周贵华

经史传统与中国哲学文库总序

经史传统与中国哲学文库是中国社会科学院哲学研究所中国哲学学科集中展示本学科研究成果的平台。我们以"经史传统与中国哲学"作为本文库的主题，有三点考虑。

首先，近年来中国哲学研究的领域逐渐扩展，研究方法和研究范式日益多元，其中最为引人注目的是经学研究的兴盛。经学研究的兴盛，一方面是多年来传统复兴不断深化的结果，而另一方面更是当代中国自我意识的复杂反映。思想意识不仅仅是能动反映当下现实的产物，更是对未来不同想象的投射结果。这些都反映在经学研究的不同路径以及关于经学研究理趣的不同认识上。但不论经学研究复兴背后的思想文化肌理如何复杂，它都是由中国哲学学科自身研究的逻辑所推动的，它是中国哲学学科在适应时代需要中的一个发展领域。"经史传统与中国哲学"这样一个主题的凝练，既是我们对当前中国哲学学科发展现状的一个总结，更是对未来中国哲学研究领域扩展方向的一个预流。

其次，需要进一步阐明的是，我们用"经史传统"而不是"经学传统"来概括和总结当前中国哲学研究领域的新潮流，旨在表达我们"经史一体"的"经学观"。"六经皆史""史即新经"，这不是对"经"的地位的削弱或贬低，而是对"史"的文明价值内涵的高度肯认；六经是三代文明历史实践的产物，同时也是孔子对三代文明历史实践的价值原理化结果;"经史一体"所蕴含着的"道器合一""理事不二"的道理,旨在说明历史有道:道既在历史中创生同时又是创生历史的力量,并且也在历史的创生中不断展开自身。对历史之道的探寻构成了中国形而上学的基本形态,同时也构成了中华文明"日新日成"的根本特质。因此,"经史一体"的"经学观"必然是以中华文明的内在视野来理解中华文明道路实践的观点,而不是立足于所谓"经学"传统的教条批判中国历史的立场。也正因此,"经史传统与中国哲学"同时也意味着从一种中华文明史视野出发的中国哲学观。

最后,从中华文明史视野出发的中国哲学,是对中华文明价值的哲学自觉。经学、史学、义理学,是中华文明在适应不同历史条件中不得不然分化而出的学术形态,中国哲学也是适应历史的需要而不得不创生的学术形态。中国哲学是以理性反思、道理论证和源流互质的方式对中华文明的核心价值和历史发展进行高度理论概括的学术形态。中华文明是中国哲学的前提,中国哲学是对中华文明道路的哲学总结。中华文明的不断创生需要中国哲学的不断总结,中华文明也在中国哲学的不断总结中不断创生。因此,中国哲学史也是内在于中华文明史的,是对中华文明历史实践中不断进行的理论反思、道理总结在哲学意义上的自觉。从经、史、义理传统的整体出发,立足中华文明道路的未来发展,讲好中国哲学道理和中国哲学史,是新时代中国哲学学者的庄严使命,也是哲学研究所中国哲学学科需要自觉承担的学术责任。

哲学研究所中国哲学学科是 1955 年哲学所成立时最早建立的研究组之一,冯友兰先生是首任组长。在近 60 多年的发展中,中国哲学学科涌现出一大批国内外知名的大学者,中国哲学学科在中国哲学界具有十分特殊而且重要的地位。2017 年,中国哲学学科荣获了中国社会科学院的登峰计划优势学科的支持,学科发展获得极大动力,也取得了丰硕成果。本文库的设置,就得到了登峰战略优势学科经费的资助,借此机会,感谢中国社会科学院对哲学所中国哲学学科的支持!

党的十八以来，习近平总书记高度重视中国特色社会主义与中华文明的关系，高度重视中华传统文化的创造性转化和创新性发展，高度重视中国特色哲学知识体系建设，中国哲学学科迎来前所未有的发展机遇。我们期待中国哲学学科能够不辜负时代重托、不辜负学科传统，在社会主义文化强国建设中贡献自己的力量。

张志强
2021 年 2 月 25 日

《商鞅评传》再版序言

在20世纪90年代的"国学热"中,学术界的几位著名学者与广西教育出版社合作组织出版了一套"中华历史文化名人评传"丛书,当时分配我撰写"改革家系列"的《商鞅评传》。我对此并无准备,而且我对法家思想基本上持批判的态度。不过,我倒是愿意就此清理一下我思想中对儒法关系的认识。

我初识"商鞅"这个名字,是在"文革"的"批林批孔"或"评法批儒"时期,那时我曾参加过一次这方面的"学习班",后来仍留下印象的是"商鞅车裂而死"等等。在我参加1977年高考而进入北京大学哲学系学习后,以前的那段经历就都作为蹉跎岁月的"陈迹"而任其遗忘了。但是学习哲学史,特别是考上中国哲学史专业的研究生后,商鞅、韩非等法家人物的思想作为哲学史上的一个思想环节而要有所认识,当然这远非学习的重点。大约在1987年,我偶读了商务印书馆新出版的马基雅维里著《君主论》,这本书的思想使我很容易联想到中国的韩非子,于是就写了一篇《马基雅维里与韩非子》①。《君主论》在中国曾被译为《霸论》,它的思想与法家思想相通,应是学术界很早就有的认识。马基雅维里宣扬君主应当同时效法"狐狸"与"狮子",这与韩非子的"法、术、势"结合的思想相比,可谓小巫见大巫。马基雅维里思想的一大特点是使政治学脱离了道德,在这一点上韩非子当然也有过

---

① 此文载于《读书》杂志1987年第4期。

之而无不及。两人所不同的是，马基雅维里生活在 15—16 世纪的欧洲，而韩非子则生活在公元前 4 世纪的中国，由此而带来对两人悬殊不同的评价：马基雅维里被认为是西方近代使政治学挣脱中世纪神学的束缚而与道德彻底分家的奠基者，而韩非子则被认为是中国古代建立君主集权制度并将其与君主的权谋、权术相结合的集大成者。这实际上正反映了中西历史发展不同的特殊性：西方历史从古希腊罗马进入中世纪是以基督教的统治为其特征，而中国历史从春秋战国时期的分裂战乱实现国家的统一是以君主集权为其制度的保障。与此相连带的是：西方文化的近代转型首先是表现为挣脱基督教统治的束缚，而中国文化的近代转型则需要逐渐从君主集权制度中解放出来。如果因为马基雅维里与韩非子都主张君主集权，也都主张政治与道德分家，就认为中国文化在两千多年之前就已进入了近代，那就太无视中西历史发展的特殊性了。

我是基于这样的认识而开始了对商鞅、《商君书》和商鞅学派思想的研究。商鞅的生卒年（约公元前 390—前 338 年）比韩非子的生卒年（约公元前 280—前 233 年）早一百余年，这一百余年正是从战国中期的商鞅变法而秦国崛起到战国末期的强秦以其"虎狼之师"而即将完成统一"帝业"的过程。汉代的王充说"商鞅相孝公，为秦开帝业"（《论衡·书解》），这是对那段历史的一个客观评价。关于法家人物的著作，《汉书·艺文志》以李悝所作"《李子》三十二篇"为首，其后便是"《商君》二十九篇"。李悝的著作早已失传，从传世的史书记载看，他曾在任魏文侯相期间推行新政，主要是"作尽地力之教"，实行平衡粮价的"平籴"法，并著有《法经》（也早佚），他确实可作为战国时期法家思想的先驱。而商鞅则是继承了李悝、吴起之"遗教"，在《法经》的基础上制定了《秦律》，把"重农"与"强兵"密切结合起来，在秦国实行了两次变法，乃致"秦人富强"，商鞅实为战国时期法家思想的真正开创者。韩非子说"秦行商君法而富强"，"此臣之所师也"（《韩非子·和氏》），但他批评商鞅"虽十饰其法，人臣反用其资……主无术于上之患也"（《韩非子·定法》），又说"势重者，人主之爪牙也"（《韩非子·人主》），"势者，胜众之资也"（《韩非子·八经》），他之所以被称为法家思想的集大成者，是因为他在商鞅重法的基础上又综合了君主的权术和权势的思想。

商鞅变法无疑是中国历史上的大事件，本书的第一章至第五章已对商鞅两次变法的内容和成效，及其前后背景和"商君虽死，秦法未败"的结局，作了较详细的论述。第六章说明《商君书》在战国中后期已普遍流传，对秦国政治影响深远，《商君书》中传世的二十六篇有商鞅所自撰和疑为自撰的，也有商鞅后学所作的，《商君书》可视为以商鞅为首的商鞅学派思想的总集。第七章至第十二章则分别对商鞅学派的哲学思想、政治思想、经济思想、军事思想和文化思想展开论述，并最终从"制度与文化"的角度评价商鞅学派的历史功过，讨论儒法的冲突与合流，以及对现代人的几点启示。

本书在写作过程中，是严格按照"中华历史文化名人评传"丛书的要求，对传主的历史事实不作"子虚乌有的夸张演义"，而是"本着科学、严谨的学术态度，对传主的活动作尽量生动活泼的叙述"，"虽然各位传主卓然成家，足以彪炳史册，但却并非一定是完人"，在他们身上"或多或少地表现出历史和个人的局限，甚至不无糟粕"，因此对他们的评价也要采取"取其精华，去其糟粕"的态度。应该说，这样的要求至今仍是正确的。这次本书再版之际，我将此书重读一遍，因书中的论述都是以史料为依据的，所以对这本二十多年前的旧著只作了个别文字的修改，而保留了旧版的原貌。但这毕竟是二十多年前写的，所以我也借这次再版之机略谈几个问题。

关于"商鞅三试秦孝公"，即商鞅先后向秦孝公说以"帝道""王道"和"霸道"，最终是以"霸道"而君臣契合。历史上对此有不同的议论，本书没有一一评说，而权以严万里的"彼不过假迂远悠谬之说，姑尝试之，而因以申其任法之说"作结。值得注意的是，在《论语》的记载中并没有关于"帝道"和"王道"的明确划分，而在1993年出土的郭店竹简《唐虞之道》中却有"唐虞之道，禅而不传"的思想，尤其是此篇说"不禅而能化民者，自生民未之有也"，这就指出了若想"化民"只能实行禅让而不能世袭。后来发布的上海博物馆藏《容成氏》和

《子羔》两篇，具有与《唐虞之道》同样的思想倾向（如《子羔》开篇说"昔者而弗世也，善与善相授也，故能治天下，平万邦"，"弗世"即不是父子相传）。郭店竹简和上博馆藏竹简都属于战国中前期的文献，也就是"孔孟之间"、顾炎武所谓"史文阙轶，考古者为之茫昧"的那个时期的文献。应该说在战国中前期，曾经流行过崇尚禅让而反对世袭的一种思潮。与此相应的是，在《商君书·修权》篇有"论贤举能而传焉"的禅让思想，在《战国策·秦策一》也有秦孝公"疾且不起，欲传商君，辞不受"的记载，在《吕氏春秋·不屈》篇也有"魏惠王谓惠子曰：'上世之有国，必贤者也。今寡人实不若先生，愿得传国。'惠子辞"的记载。商鞅、惠施都是战国中期的人物，那时已是禅让思潮的末流，在君主的绝对权势之下他们不敢接受禅让也是当然的。最终结束这一思潮的是公元前318年在燕国发生的"让国"悲剧事件，孟子曾亲临此事，应是鉴于这个事件的悲剧性质，说明禅让在当时的情势下已无现实的可能，所以孟子在回答"人有言：至于禹而德衰，不传于贤而传于子，有诸"时，才说"否，不然也。天与贤，则与贤；天与子，则与子"。（《孟子·万章上》）也就是把"禅而不传"改成了"禅"与"传"两可。①

如果明白了上述背景，那么商鞅分别以"帝道"和"王道"试探秦孝公，可能就不是"假迂远悠谬之说"来试探，而是以尧舜禅让为"帝道"，以世袭而实行德政为"王道"。从儒家方面说，就可以看出儒家对于政治制度的主张是可以随着形势的变化而作调整的：在燕国的"让国"事件之前，儒家曾一度有"禅而不传"（欲"化民"就只能禅让而不能传子）的思想；在燕国的"让国"事件之后，孟子将其调整为"禅"与"传"两可。

商鞅最终是以"霸道"而达到了君臣契合，这说明秦国最终以"霸道"完成统一"帝业"，不仅是商鞅个人的主观思想作为，而更是被战国时期的客观形势，特别是战国时期的君主制度所决定的。当时结束分

---

① 参见拙文《反思经史关系：从"启攻益"说起》，《中国社会科学》2003年第3期。

裂战乱而实现国家的统一已经是时代的大势所趋，而儒、法两家在如何实现统一的问题上分别提出了两条路线，一条是商鞅变法的"霸道"；另一条是孟子提出的"仁政""王道"。孟子的"仁政""王道"之说体现了儒家的道德理想主义，而当时的梁惠王、齐宣王认为这是"迂远而阔于事情"，因此，孟子的"仁政""王道"之说在当时行不通，这也是被战国时期的客观形势，特别是当时的君主制度所决定的。孟子曾肯定齐宣王怀抱着"欲辟土地，朝秦楚，莅中国，而抚四夷"的"大欲"（《孟子·梁惠王上》），孟子设想以"仁政""王道"的方式可以实现这种"大欲"，但实际上就像秦孝公不能接受商鞅所试探的"帝道""王道"一样，梁惠王、齐宣王等等也是不能接受孟子的"仁政""王道"之说的，这主要是被当时的君主制度所决定的。

关于如何评价主要由法家学说建立的君主集权制度，这应从中国历史发展的客观形势和"通古今之变"的两个角度来予以评价。战国时期的分裂战乱、兼并战争是十分残酷的，孟子就已指出当时是"争地以战，杀人盈野；争城以战，杀人盈城"（《孟子·离娄上》），"民之憔悴于虐政，未有甚于此时者也"（《孟子·公孙丑上》）。正是为了改变这种现状，孟子提出了"仁政""王道"，希望以此而"天下定于一"。但是中国历史最终是选择了以法家学说的"霸道"，即以"农战"的经济实力和军事暴力来统一天下，这就加剧了战国时期兼并战争的残酷性，给人民的生命财产造成了巨大的灾难。在商鞅变法之后，秦国已经成为一部"农战"的机器，"故圣人之为国也，入令民以属农，出令民以计战"（《商君书·算地》），"圣王见王之致于兵也，故举国而责之于兵……能使民乐战者王"（《商君书·画策》），在"壹教""刑赏"的驱迫下，秦民也陷入战争的狂热，"是故民闻战而相贺也，起居饮食所歌谣者，战也"（《商君书·赏刑》），"民之见战也，如饿狼之见肉也"（《商君书·画策》），秦国成为以重农为基础而一切为了战争的军国主义国家。因此，就秦国实现统一"帝业"的手段来说，是应受到谴责的。但是秦国毕竟是以"霸道"实现了国家的统一，并以君主集权的郡县制、统一文字、统一度量衡等等巩固了国家的统一，而且"汉承秦制"，这也被汉以后的历代王朝所继承，这从历史的发展来说也是一种历史的进步。

在汉初的郡县制与封建制之争中，贾谊最先提出了"众建诸侯而少其力"（《新书·藩强》），即汉王朝所推行的"强干弱枝"政策，这说明汉初的儒家为了维护国家的统一，免于分裂和战乱，采取了巩固君主集权、拥护郡县制而反对封建制的立场。在此之后，唐代的柳宗元著有《封建论》，较为充分地论述了从封建制到郡县制的历史必然性。而明清之际的王夫之则从另一视角说："秦以私天下之心而罢侯置守，而天假其私以行其大公。"（《读通鉴论》卷一）所谓"大公"就是说郡县制有利于社会的稳定，从而也有利于人民的生产与生活。但是，君主集权毕竟有其体制上的弊病，虽然汉代开始的尊儒延长了一个王朝治乱兴衰的周期，但历代王朝终不免落入始兴终亡的"宿命"，而每一次改朝换代都给人民造成巨大的灾难。特别是宋代以后，君主集权更向极端发展，而宋亡于元，明亡于清，又给士人留下了深刻的历史教训，故而王夫之说："生民以来未有之祸，秦开之而宋成之也。是故秦私天下而力克举，宋私天下而力自诎。"（《黄书·古仪》）"圣人坚揽定趾以救天地之祸，非大反孤秦、陋宋之为不得延。"（《黄书·宰制》）对于秦以后所实行的君主集权制，我们应给予历史的、辩证的评价，既要看到它的历史必然性和合理性，也要看到它的历史局限性，特别是它在近代辛亥革命以后被民主共和制所取代的历史必然性和合理性。就像刘邦曾经刑白马立盟誓"非刘氏而王者……天下共诛之"（《史记·汉兴以来诸侯王年表》）一样，孙中山也曾说民国建立之后"敢有帝制自为者，天下共击之"[①]，这实际上划分了两个不同的时代。

关于商鞅变法的"为田开阡陌封疆"，历来也有不同的说法，这涉及史学界曾作为一个研究热点的中国古代土地制度问题。我对此不可能作专业性的研究，当时只是参酌一些史料，综合采纳了一种比较流行的观点，即认为商鞅变法"铲除田地间原有的疆界，废除井田制，确认土地的私人占有"。这仍然是一个颇有争议的问题，特别是在云梦秦

---

① 孙中山：《中国同盟会革命方略》，《孙中山全集》第一卷，中华书局1981年版，第297页。

简、青川木牍和张家山汉简相继出土之后，史学界对此讨论颇多。① 联系到商鞅第一次变法的"明尊卑爵秩等级，各以差次名田宅"，所谓"名田宅"即按照尊卑爵秩等级占有不同的田宅。这又与当时的"军功授田制"相联系，而"授田制"属于土地国有，而非土地私有。但实际上，土地国有与土地私有在这里不宜作截然的划分。汉代的董仲舒曾主张"限民名田，以澹不足，塞并兼之路"。（《汉书·食货志》）师古曰："名田，占田也。各为立限，不使富者过制，则贫弱之家可足也"，所谓"限民名田"即主张限制私人占有土地的数量，而"名田"即相当于商鞅变法的"名田宅"。有历史学家指出："受田制就是名田制"，"秦汉的受田宅制是一种有受无还的土地长期占有制度"，"土地制度有一个不以人的意志为转移的发展规律，即土地一经确定为长期占有制，必然迅速演变为土地私有制，而土地私有又必然导致土地兼并"。② 如此说来，商鞅变法的"明尊卑爵秩等级，各以差次名田宅"，就是确立了按照尊卑爵秩等级"长期占有"不同的田宅，这里的"长期占有"当然是指私人长期占有。而"为田开阡陌封疆"，当就是铲除了井田制原有的土地疆界，而按照私人长期占有和新的亩制，建立了新的田界。

《史记·范雎蔡泽列传》记载秦昭王相蔡泽说：商鞅"决裂阡陌，以静生民之业，而一其俗，劝民耕农利土……"所谓"静生民之业"，当就是明确了土地的私人长期占有。这种"有受无还的土地长期占有制"是通过国家的"受田"实现的，如果说它不是"土地私有制"，那么可以说它是由土地国有向土地私有转化的一种形式。一般认为，秦始皇三十一年（公元前216年）"使黔首自实田也"（《史记集解·秦始皇本纪》），是国家承认土地私有的一个标志，而这个标志应就是由国家承认了早已存在的土地私有的现实，这个现实是由商鞅变法开启的。

还有一个问题是，《汉书·食货志》记载董仲舒说："古者税民不过什一，其求易共；使民不过三日，其力易足。……至秦则不然，用商鞅

---

① 参见闫桂梅《近五十年来秦汉土地制度研究综述》，《中国史研究动态》2007年第7期。
② 朱绍侯：《论汉代的名田(受田)制及其破坏》，《河南大学学报》(社会科学版)2004年第1期。

之法，改帝王之制，除井田，民得卖买，富者田连仟伯，贫者亡立锥之地。"这里的"古者"云云是讲古井田制的情况，而说商鞅变法"除井田，民得卖买"是个有争议的问题。在新出土的云梦秦简、青川木牍中没有"民得卖买"土地的记录，而且当时秦国的土地私人长期占有还带有"授田"的形式，主要是为了"静生民之业"，以奖励耕战，所以当时可能还没有发生"民得卖买"土地的情况。至于在公元前216年"使黔首自实田"之后是否允许民间买卖土地，似乎可以存疑。"汉承秦制"，包括继承了秦国的土地制度，而在汉初就已发生了买卖土地的情况，如萧何为避嫌乃"多买田地，贱贳贷以自污"（《史记·萧相国世家》）。汉文帝时晁错上书说："今农夫五口之家，其服役者不下二人，其能耕者不过百畮，百畮之收不过百石……勤苦如此，尚复被水旱之灾，急政暴（虐）〔赋〕，赋敛不时，朝令而暮改。当具有者半贾而卖，亡者取倍称之息，于是有卖田宅鬻子孙以偿责者矣。"（《汉书·食货志》）随着土地可以买卖，土地兼并也就日益加剧，到汉武帝时"外事四夷，内兴功利，役费并兴，而民去本"，于是有董仲舒的"限民名田疏"，而他所说的"至秦则不然，用商鞅之法，改帝王之制，除井田，民得卖买，富者田连仟伯，贫者亡立锥之地"，当主要是针对汉初以来的土地兼并情况，而在商鞅变法时"坏井田，开仟陌，急耕战之赏，虽非古道，犹以务本之故"（《汉书·食货志》），彼时及至秦统一天下可能还没有出现土地的"民得卖买"。尽管如此，中国古代土地制度的发展规律是土地一经确定为私人长期占有，"必然迅速演变为土地私有制，而土地私有又必然导致土地兼并"，这个规律的发端是由商鞅变法开启的。

本书在论述商鞅变法的"为田开阡陌封疆"时，尚不了解史学界根据出土新史料讨论秦汉土地制度的情况，故有些论述失于简单化，不尽符合秦汉土地制度发展的历史进程，这是我在本书再版时需要说明的。由此想到，在本书的其他部分，限于本人的学识，可能也有一些不当之处，尚祈学界同仁批评指正。

关于《商君书·开塞》篇的"武王逆取而贵顺，争天下而上让，其取之以力，持之以义"，与汉初的尊儒有着思想上的联系，这在本书中有所涉及，但没有集中的论述。在本书完稿后，我又专写了一篇《〈商君书〉与汉代尊儒》[1]，这次本书再版顺便将此文附于后，以便学界同仁参考。

2021 年 3 月

---

[1] 此文载于《中国社会科学院研究生学院学报》1998 年第 1 期，后来此文的英译稿被比利时鲁汶大学的戴卡琳 (Carine Defoort) 教授选入她主编的 Contemporary Chinese Thought, Vol.47 No.2, 2016。

目 录

前 言 ·· 1

第一章 入秦之前 ·· 5
  第一节 童年时期的战国形势 ·· 5
  第二节 继承李悝、吴起之余教 ····································· 9
  第三节 公叔痤临终荐贤 ··· 13

第二章 变法前夕 ·· 16
  第一节 秦孝公颁布求贤令 ·· 16
  第二节 商鞅三试秦孝公 ··· 18
  第三节 改革与守旧的御前辩论 ····································· 20

第三章 第一次变法 ··· 23
  第一节 徙木赏金 取信于民 ·· 23
  第二节 第一次变法的主要内容 ····································· 25
  第三节 贯彻新法的斗争和成效 ····································· 33

第四章 第二次变法 ··· 37
  第一节 迁都咸阳 奠基帝业 ·· 37
  第二节 第二次变法的主要内容 ····································· 39
  第三节 秦人富强 收复河西 ·· 48

第五章　商鞅虽死　秦法未败 …… 54
第一节　赵良的警告 …… 54
第二节　商鞅车裂而死 …… 57
第三节　秦法未败 …… 61

第六章　商鞅与《商君书》…… 66
第一节　《商君书》的历史流传 …… 66
第二节　《商君书》的作者 …… 68
第三节　《商君书》各篇的写作时间 …… 71

第七章　商鞅学派的哲学思想 …… 78
第一节　不言鬼神和天道 …… 78
第二节　历史进化论 …… 82
第三节　自然人性论 …… 89

第八章　商鞅学派的政治思想 …… 94
第一节　君主集权与民本主义 …… 94
第二节　尚力与任法 …… 99
第三节　厚赏重刑与重刑轻赏 …… 104

第九章　商鞅学派的经济思想 …… 108
第一节　农为强国之本 …… 108
第二节　兴农的政治措施 …… 112
第三节　兴农的经济措施 …… 115

第十章　商鞅学派的军事思想 …… 118
第一节　兵为强国之要 …… 118
第二节　用兵必先立本 …… 121
第三节　谋略与战法 …… 126

第十一章　商鞅学派的文化政策 …… 129
　　第一节　单一的意识形态 …… 129
　　第二节　《商君书》所列各种"国害" …… 132
　　第三节　商鞅学派与"焚书坑儒" …… 137

第十二章　制度与文化 …… 139
　　——代结束语 …… 139
　　第一节　商鞅学派的历史功过 …… 139
　　第二节　儒法的冲突与合流 …… 143
　　第三节　对现代人的几点启示 …… 150

附录　《商君书》与汉代尊儒 …… 155
　　——兼论商鞅及其学派与儒学的冲突 …… 155

前　言

商鞅（约公元前390—前338年）是战国中期法家的著名代表人物，杰出的政治家、军事家和思想家。他于公元前361年从魏国西行入秦，很快得到秦孝公的信任，先后实行两次变法，在政治、经济以及家庭和社会组织等方面进行了广泛、深入的改革，力主"耕战"，"富国强兵"，使秦国迅速崛起，在实力上超过了其他各国，为以后秦始皇统一中国奠定了基础。汉代的王充说："商鞅相孝公，为秦开帝业。"（《论衡·书解》）这是对商鞅变法历史功绩的客观评价。

从周平王东迁洛邑到秦始皇统一中国，其间经历了长达550年的大动荡、大变革，此即春秋和战国时期。商鞅生当战国的中期，当时齐、楚、燕、韩、赵、魏、秦"战国七雄"的局面已经形成，"周室卑微，五霸既殁，令不行于天下，是以诸侯力政，强侵弱，众暴寡，兵革不休，士民罢敝"（《史记·秦始皇本纪》）。残酷的兼并战争迫使各诸侯国先后变法图强，继续和加速了春秋时期未竟的社会变革进程。商鞅在魏国的生活经历，使他充分吸取了李悝、吴起的变法经验。在秦孝公的支持下，他力排众议，确立了"当时而立法，因事而制礼"，"治世不一道，便国不必法古"（《商君书·更法》）的变法原则，其改革的深度和广度超过了其他各国。秦孝公去世后，商鞅遭诬陷和报复被车裂而死，但其改革的成果仍被秦孝公以后的几世君主所继承，乃至秦始皇终于完成了兼并六国、统一海内的"帝业"。

商鞅两次变法的主要内容有：建立以"什伍"为编户单位的基层社会组织，实行"连坐"法和"告奸"法；废除世卿世禄制，奖励耕战，实行按军功授爵，凡勤耕勤织而粮食布匹获得丰产者可免除徭役；规定一户有两个男丁以上者必须分家，建立一夫一妻式的小家庭生产单位，以取代宗法式大家庭；"开阡陌封疆"，废除井田制，实行土地私有，允许土地自由买卖，国家按田亩、人口征收赋税；加强君主集权，普遍推行县制，取代分封制。这些改革适应了当时历史发展的潮流，特别是适应了当时生产力发展的水平和人民希望以统一的王权结束长期战乱的要求，从而取得了改革的成功，以至商鞅死后仍不可逆转。

现传的《商君书》是商鞅及其后学撰写的著作，可视为商鞅学派的思想总集。其中大部分观点（包括商鞅后学所撰各篇的一些观点）反映了商鞅本人的思想，是商鞅变法的理论基础；另有一些观点是商鞅后学对商鞅本人思想的发挥和发展，反映了商鞅死后在新的历史情况下商鞅学派的思想演变。商鞅后学所作各篇有的是向秦王的奏疏，说明商鞅学派在商鞅死后对秦国政治有持续的影响。韩非子说："今境内之民皆言治，藏商、管之法者家有之"（《韩非子·五蠹》），可证商鞅学派的著作在战国末期已广为流传。

商鞅本人善于用兵，曾几次率军亲征，克敌制胜。现传《商君书》中有三篇专讲军事的论文，《汉书·艺文志》在"兵权谋"中还著录"《公孙鞅》二十七篇"，已亡佚。

商鞅变法在秦国确立的君主集权制、郡县制、官僚爵位制、"什伍"编户、刑律、土地私有和一夫一妻式小农经济形式，在秦灭亡以后仍被中国历代的封建王朝所继承和发展。从这个意义上说，商鞅变法不仅"为秦开帝业"，而且为中国两千年封建社会的政治制度和经济制度奠定了基础。

从秦孝公到秦始皇，秦国六世君主所创建的"帝业"只传了二世就迅速灭亡了。汉初儒生在总结这一历史教训时认为，这是由于秦统治者没有像汤、武那样"逆取而以顺守之"（《史记·陆贾列传》），"仁义不施而攻守之势异也"（贾谊：《新书·过秦上》）。其实，这一观点源于

《商君书·开塞》篇："武王逆取而贵顺，争天下而上让，其取之以力，持之以义。"如果说"持之以义"是"长治久安"之道，那么商鞅学派在自己的著作中也为秦统一天下以后的"长治久安"埋下了种子。但是，这颗种子被深埋在商鞅学派关于"力"与"德"、"法"与"义"尖锐对立的大量论述中，秦王朝还没有发现它就土崩瓦解了。

实际上，秦王朝的灭亡是君主集权制和土地私有制在其运行过程中必然产生的结果，秦以后的历代王朝也终究不能逃脱这一命运，秦王朝只不过是迅速走完了治乱兴衰的一个轮回。汉代统治者吸取秦二世而亡的教训，在文化政策上从崇法转向尊儒，中国封建社会的政治制度和经济制度有了仁义道德等意识形态的辅翼、制导和调节，才延长了治乱兴衰的周期。秦祚短促的直接责任固然不在商鞅学派，但他们专制、狭隘的功利主义文化政策，对精神文明特别是伦理道德的忽视，也是秦迅速灭亡的一个导因。

商鞅是"为秦开帝业"的改革家，他的改革事业在中国历史上发生了重要的、深远的影响。他顺应历史发展潮流，大胆改革，勇于开拓，不惜以身殉法的精神仍值得今人继承和发扬，而其缺陷和教训也值得今人借鉴和记取。

第一章 入秦之前

第一节 童年时期的战国形势

商鞅是卫国国君的"庶孽公子",也就是非嫡系的、姬妾所生的公子,名鞅。卫国的始封之君是周武王的弟弟康叔,周为姬姓,因此商鞅本姓姬。按照当时往往以国或地位、身份为姓氏的习惯,商鞅原称为卫鞅或公孙鞅。因其后来在秦国变法有功,受封于商邑,"号称商君",所以后人称其为商鞅。

商鞅的生年无从确考,他于公元前361年由魏入秦,如果以其当时三十岁左右计算,他大约生于公元前390年。此时,中国历史进入战国时期已经八十多年了(按司马迁《史记·六国年表》,战国时期始于周元王元年,即公元前475年)。

由春秋时期进入战国时期,形势有很大变化。春秋时期的特点是周王室衰微,"礼崩乐坏""礼乐征伐自诸侯出",齐桓公、晋文公等打着"尊王攘夷"的旗号相继称霸("春秋五霸"一说指齐桓公、晋文公、楚庄王、吴王阖闾、越王勾践,一说指齐桓公、宋襄公、晋文公、秦穆公、楚庄王)。经过长达295年的战乱之后,中国历史进入了战国时期。这时,许多诸侯国已在连年征战中被兼灭,鲁、卫、宋、郑、陈、蔡等沦为任强国摆布和宰割的小国；周王室衰微至极，除在洛阳占有一小块地盘外，徒剩下"天子"的虚名；公元前453年，魏、韩、赵"三家分晋"，从此齐、楚、燕、韩、赵、魏、秦"战国七雄"的局面形成。"春秋五霸"大多打着"宗周王"的旗号，而"战国七雄"则已根本不把"周王"放在眼里；"春秋五霸"以蚕食、兼并周围的小国，"合诸侯"，充当盟主为目标，而"战国七雄"则以兼灭六国，完成统一大业，取"周天子"而代之为目标。《史记·秦本纪》概括战国时期的形势为"周室微，诸侯力政，争相并"。这里说的"诸侯"是指"战国七雄"而言，因为其他诸侯小国都已失去了与"七雄"抗争的能力。"战国"一词最先出于《战国策》，《秦策四》载："山东战国有六"，《赵策三》载："今取古之为万国者，分以为战国七"，可见"战国"本指齐、楚、燕、韩、赵、魏、秦七个战争强国。这种用法在司马迁写《史记》时还没有变化，如《史记·平准书》说："天下争于战国"，即天下争于七个强国。直至西汉末年刘向编辑《战国策》时才有了"战国之时"（《战国策·叙》）的提法，从此"战国"始成为特定历史时期的名称。

战国时期，由于冶铁技术的进步，铁制农具被普遍使用，牛耕铁犁得以推广，灌溉方法和施肥技术也有很大改进。这样不仅使原有农田的产量提高，而且为大量开垦新的农田提供了可能。

随着生产力的进步，新的生产关系也加速发展。西周末年，"宣王即位，不籍千亩"（《国语·周语上》）。韦昭《注》："籍，借也，借民力以为之……自厉王者流籍田礼废，宣王即位，不复遵古也。"《礼记·王制》篇说："古者公田籍而不税。""籍"与"税"代表了两种不同的生产方式，周厉王、周宣王间"籍田礼废"，这是西周井田制度在王畿内已告瓦解的标志。春秋时期，"民不肯尽力于公田"（《春秋公羊传·宣公十五年》何休注）。《诗经·齐风·甫田》描写当时齐国的"甫田"（公田）上"维莠骄骄""维莠桀桀"，即长满了野草，这说明井田制的没落在各诸侯国已普遍发生，并且非常严重。与此同时，在井田外开垦的私田逐渐增多，一家一户的小农经济日益兴起，利用土地进行剥削的地主阶级也随之出现。各诸侯国为了增强经济实力，在对外战争中取胜，不得不相继采取按亩征税的方式，如公元前594年鲁国实行"初税亩"，公元前544年郑国"作封洫"等等，这说明新的生产方式正在得到上层建筑的认可，取得合法的地位。战国时期，新的生产方式和新的社会阶级已经逐步强大起来，各诸侯国之间更大规模、更加残酷的兼并战争推动着社会改革的进程。各诸侯国相继变法，即以新的生产方式和政治制度取代旧的生产方式和政治制度。变法则强，不变法则弱；变法变得彻底则强，变法变得不彻底则弱。这是战国时期各诸侯国势力消长的一条历史规律。尽管我国史学界对春秋战国时期的社会性质和历史分期还持有不同的观点，但春秋战国时期是我国历史上大动荡、大变革的时期，这是没有疑义的。如果说春秋时期是新旧社会制度过渡的时期，那么战国时期就是过渡即将完成或新制度逐步确立的时期。

与社会的变革相伴随，中国古代的思想文化也发生了重大变化。随着"周天子"权威的丧失，笼罩在其头上的"天神"观念也黯然失色，"吉凶由人"，"天道远，人道迩"的思想迅速传播。由孔子揭橥的仁学思想把道德的根源从外在的"天神"和"周礼"移入人的内心，用一种人文精神重建道德的基础。以"气""阴阳"为核心的自然观逐渐剥去"天神"的神圣光辉，人们开始用理性的客观态度认识自然与社会，从而思想得到解放，在社会的战乱、变革中冷静观察，深入思索，敢作敢为。

商鞅就是生长在这样一个时代。他的出生地——卫国，在春秋时期就已沦为小国；在"战国七雄"的形势下，它除了被大国侵犯、掠夺外，就是成为大国的附庸。商鞅身为卫国公子，卫国的衰微必然导致其个人社会地位的衰微。商鞅的出身和个人境遇使他对当时的社会有更深刻的体验和更冷静的观察、思考。

卫国在当时占有今河南省和山东省之间北部的一小块地区，国都设在濮阳（今河南省濮阳县西南）。它北临赵，东临齐，西和南与魏接界，处在三大强国的夹缝中。在"三家分晋"后，赵国的势力较强。魏文侯于公元前446年即位，随后率先实行变法，于是魏国的势力大增，成为当时的首强之国。卫国处在赵、魏势力之间，它也就成为赵、魏侵略、争夺的对象。

公元前383年（如果商鞅出生在公元前390年的话，那么这正是他七八岁的时候），赵国大举侵卫，包围了卫国的都城濮阳。为抵御赵兵，濮阳的八个城门用土屯塞，而其中的两个被攻陷。在面临亡国的危急形势下，卫慎公"跣行告愬于魏"（《战国策·齐策五》），即连鞋都没顾上穿，急忙去向魏国求救。由于魏武侯"被甲砥剑"，亲往救援，卫国才免遭覆灭，并且借魏之力，反败为胜。后来纵横家苏秦在描述这场战争时，把卫国反败为胜譬喻为弱卫是"矢"，强魏是"弦机"，"卫明于时权之藉也"。（《战国策·齐策五》）此后，卫国基本上看魏的眼色行事，直到公元前254年被魏所灭。

商鞅在童年时经历了那场战乱，当卫慎公"跣行告愬于魏"时，卫国宗室以及百姓的惊惶恐惧肯定在其幼小的心灵上留下了深刻的烙印；而当卫国借魏之力免遭灭亡、反败为胜时，对强国实力的钦羡也会在其思想中萌生。

公元前372年和公元前365年，赵国又两次侵犯卫国，掠去了许多土地。（《史记·赵世家》）卫国的衰颓已经极其严重，商鞅当时大约十八岁至二十五岁间。在这段时间前后，商鞅可能读了不少书，不仅打下了比较深厚的文化基础，而且对强邻魏国变法图强的历史有了较多的了解；他个人的社会地位则已从贵公子沦落为普通的士人。当报国无门，残破的祖国已经无医可治的时候，商鞅离开了故土，来到魏国的都城安邑（今山西省夏县西北），放下破落公子的架子，投到连任魏武侯和魏惠王两朝国相的公叔痤门下，做了他的家臣"御庶子"（《战国策·魏策一》）①。此行使他得以成为魏国变法思想的继承者，是他一生事业和荣华的一个过渡。

---

① 《史记·商君列传》作"中庶子"。

第二节　继承李悝、吴起之余教

商鞅生当乱世，而其个人有从贵公子沦为家臣、从弱国出走到强国的特殊经历，这对他以后的政治作为和思想倾向有很大影响。《史记·商君列传》说他"少好刑名之学"。"刑"是指刑罚，"名"是指名分。"刑名之学"是指法家那套以刑罚、名分治理国家的学问。"法家"一词在当时还没有出现，所谓"少好刑名之学"实际上是指商鞅在青少年时期对李悝、吴起等法家先驱的思想有强烈的兴趣和爱好。李悝、吴起都是魏国变法的能臣、干将，商鞅由卫入魏的经历当然更便于对他们的思想有深刻的理解。

李悝（公元前455—前395年）是战国前期改革运动的首倡者。他在任魏文侯相期间，主持变法，推行了一系列新政，从而使魏国最先受改革之益，成为战国前期的首强之国。《汉书·艺文志》著录有"《李子》三十二篇"，列在法家之首，本注："名悝，相魏文侯，富国强兵。"可惜后来李悝的书失传了。从现有史料看，李悝的新政主要包括四个方面。

第一，"作尽地力之教"。《汉书·食货志》记载，"李悝为魏文侯作尽地力之教"，他指出在百里见方的范围内有九万顷土地，除去山泽、村落占三分之一外，还有六百万亩耕地（相当于今十二万公顷），如果农民"治田勤谨"，每亩可增产粮食三斗（约合今六升），反之则会减产三斗，百里见方的范围粮食增减要达一百八十万石（约合今三千六百万升）。粮食增减的数额如此之大，就必须充分利用土地，精耕细作。为此做出四项规定：（1）"必杂五种，以备灾害"，即必须同时杂种五种粮食作物，以备某一品种遇到灾害时其他品种可以补救；（2）"田中不得有树，用妨五谷"，即不许在田中栽树，以免妨碍粮食生长；（3）"力耕数耘，收获如寇盗之至"，即努力耕作，勤于除草，收获时要像防止寇盗来抢劫那样抓紧抢收；（4）"环庐树桑，菜茹有畦，瓜瓠、果蓏殖于疆场"，即在住宅周围栽树种桑，划出菜园种植蔬菜，田头场边也要多种瓜果。另外，据董说《七国考·魏食货》引桓谭《新论》，当时魏国还有在春季"农官读法"的措施，法律规定："春田如布平以直，夏田如鹜，秋田惕惕如寇来不可测，冬田吴、越视"，即春田要平整得像布一样平直，夏田里的庄稼要像鸭子一样肥满，秋田要像防范寇至一样抓紧抢收，冬田要像南方没有冬闲一样修理沟洫、积运肥料。法律还规定："上上之田收下下，女（汝）则有罚；下下之田收上上，女则有赏。"这是用赏罚督促农民努力提高农产量。"作尽地力之教"是李悝把兴农作为强国的基础，这一思想后来被商鞅充分继承和发展。

第二，实行"平籴"法。据《汉书·食货志》，李悝认为，粮价太贱则伤农，农伤则国家贫困；粮价太贵则伤民（指一般粮食消费者），民伤则流徙他乡。善于治理国家者要实行平衡粮价的"平籴"法，也就是在丰年收购一定数量的余粮，"大熟则上籴三而舍一，中熟则籴二，下熟则籴一，使民适足，贾平则止"；在灾年再以平价售出，"小饥则发小熟之所敛，中饥则发中熟之所敛，大饥则发大熟之所敛"。这样"取有余以补不足"，丰年的粮价不会太贱，灾年的粮价不会太贵，从而"使民无伤而农益劝"。这是以后中国历代王朝采取的均输、常平仓等办法的开端。"平籴"法旨在鼓励农民生产，防止百姓逃荒，其打击的对象则是搞粮食投机活动的商人。这一"重农抑商"的精神实质后来也被商鞅继承和发展。

第三，实行"食有劳而禄有功，使有能而赏必行、罚必当"。《说苑·政理》篇载"李克"[①]对魏文侯说："臣闻为国之道，食有劳而禄有

---

① 史学界有李悝、李克是一人和两人不同的说法。《史记》的《货殖列传》和《平准书》说李克"尽地力"。持李悝、李克是两人之说的学者有谓《史记》所言"李克"当为"李悝"之误（参见杨宽《战国史》，上海人民出版社1980年版，第171页注）。本书在处理《说苑·政理》这节史料时，以李悝、李克是一人，或此处"李克"亦为"李悝"之误。

功，使有能而赏必行、罚必当。"这就是说，国家的食禄要授予有功劳之臣，要因能授官，赏罚要得当、不失信用。魏文侯问："吾赏罚皆当而民不与，何也？"李悝答：这是因为有"淫民"。所谓"淫民"就是"其父有功而禄其子，无功而食之，出则乘车马、衣美裘以为荣华，入则修竽瑟钟石之声而安其子女之乐，以乱乡曲之教"。李悝提出："夺淫民之禄以来四方之士"，也就是否定世卿世禄制度，剥夺旧贵族在政治和经济上享有的世袭特权，把四方贤能之士招来做官。这一思想以及"赏必行、罚必当"的思想在以后的商鞅变法中有充分的体现；用"四方之士"取代世袭贵族，从而在君主集权下形成布衣将相的格局，这是战国时期官制改革的关键所在。

第四，制定《法经》。据《晋书·刑法志》，李悝"撰次诸国法，著《法经》"。这是我国历史上第一部较为系统、完备的成文法典。其内容分为六篇，认为"王者之政莫急于盗、贼，故其律始于《盗》、《贼》"：《盗法》是惩治盗窃财产的法律；《贼法》是惩治侵害人身的法律；《囚法》是"断狱"之法；《捕法》是"捕亡"之法；《杂法》是惩治轻狂越轨、荒淫奢侈、赌博、欺诈、贪污等行为的法律；《具法》是根据具体情况加重或减轻刑罚的法律。显然，《法经》的重点是针对社会下层的，用法律手段强化社会治安，稳定社会秩序，保护私有财产，同时也对社会上层的腐化、越轨行为进行约束。这是一部维护地主阶级的整体利益和长远利益的法典，它成为以后历代王朝制定法律的一块奠基石。商鞅以后由魏入秦，就是携带着《法经》六篇去的。据《唐律疏议·序》，商鞅改"法"为"律"，在《法经》的基础上制定了《秦律》。商鞅死后，《秦律》的内容逐渐增加；"汉承秦制"，对《秦律》有所继承。因此，《晋书·刑法志》说："商鞅受之以相秦"，"秦汉旧律，其文起自魏文侯师李悝"。

吴起（？—公元前381年）是对商鞅有重要影响的第二个历史人物，卫国人。吴起曾学于孔子的学生曾子，初仕于鲁，继任魏将，屡立战功，在攻占秦国的河西地区（黄河以西，北洛水以东地区）后，被魏文侯委任为西河郡郡守。他在任上严明赏罚，"成训教，变习俗"（《吕氏春秋·执一》），"使士卒乐死"，"秦兵不敢东向，韩、赵宾从"（《史记·吴起列传》）。魏文侯死后，吴起遭谗言，被魏武侯免去郡守职务，离魏奔楚，此后"魏日以削，秦日益大"（《吕氏春秋·观表》）。吴起在楚国得到楚悼王的信任，实行变法，"明法审令"，"要在强兵"，"废公族疏远者"，强迫旧贵族到边远地区开荒，并且裁汰冗员，整顿吏治，"诸侯患楚之强"（《史记·吴起列传》）。公元前381年，楚悼王去世，吴起被旧贵族射杀。吴起"善用兵"，有兵法《吴起》传世，后人将其与孙武以"孙（武）吴（起）"并称。吴起的严明赏罚、"使士卒乐死"、"明法审令"、"要在强兵"等等，被商鞅所继承和发展。李悝的以兴农为本，吴起的以强兵为要，是以后商鞅"耕战"思想的主要来源。《荀子·议兵》篇说："齐之田单，楚之庄蹻，秦之卫鞅，燕之缪虮，是皆世俗之所谓善用兵者也。"《汉书·刑法志》也说："吴有孙武，齐有孙膑，魏有吴起，秦有商鞅，皆禽（擒）敌立胜，垂著篇籍。"观此可知，商鞅在军事上也甚有才略。现传《商君书》中有三篇军事方面的论文，《汉书·艺文志》在"兵权谋"中亦著录"《公孙鞅》二十七篇"（已佚）。这是商鞅深受吴起影响的结果。

《商君书》是商鞅入秦以后其本人及其后学所著，但《商君书·兵守》篇开头讲"四战之国贵守战，负海之国贵攻战"，以后详细论述了"四战之国"如何"守战"。秦国地处西陲，《兵守》篇所讲"四战之国"和"负海之国"均与秦国的地理环境不符。"四战之国"当指三晋或处在大国夹缝中的宋、卫等小国。有的学者推测，《兵守》篇可能是《商君书》的编纂者所误入，也可能是"商鞅当年入秦时携自三晋，作为农战改革的参考资料"[①]。如果确为后一种可能，那么商鞅在魏国或入魏之前就受吴起影响，自著或收集、研究了兵法方面的著作。

公元前362年，魏相公叔痤率领魏军与韩、赵联军战于浍水北岸，破敌擒将，凯旋。魏惠王大悦，亲往郊迎，赏赐公叔痤农田一百万亩。

---

① 郑树良：《商鞅及其学派》，上海古籍出版社1989年版，第82、142页。

公叔痤辞而不受。他把能使士卒冲锋陷阵、勇往直前的功劳归于"吴起余教"。于是，魏惠王"索吴起之后，赐之田二十万"（《战国策·魏策一》）。由此可知，吴起死后，其"余教"在魏国仍有很大影响，并且受到当权者的重视。此时，商鞅正在公叔痤的门下当御庶子，而且第二年公叔痤就推荐商鞅继承其相位。这说明商鞅在魏国变法前贤的影响下，不仅继承了他们的"余教"，而且成长为堪以重任的将相之才。

第三节　公叔痤临终荐贤

公元前362年，正当公叔痤大败韩、赵联军回师魏都安邑之际，秦军乘机进攻魏国西部的重镇少梁（今陕西省韩城县西南）。公叔痤仓促率兵迎战，被秦军所俘①。大概时隔不久，公叔痤被秦放归，因蒙受败军之辱，遂一病不起。在考虑由谁继承相位、辅佐魏惠王时，他看中了身边的家臣御庶子商鞅。

有一天，魏惠王到相府看望公叔痤的病情。寒暄过后，惠王问："如果你的病不能治好，国家将怎么办呢？"公叔痤将自己的慎重考虑禀告惠王："我的家臣御庶子公孙鞅，虽然年轻，但有奇才，堪当相国重任，希望您举国而听之。"惠王闻此话后默而不语，露出不以为然的神色。他心里简直不明白：一个年少位卑的家臣，怎么能承担起相国的重任呢？

公叔痤夙知商鞅胸怀韬略，志向高远，不是甘居人下之辈，日后必大有作为。他见魏惠王对自己的举荐不以为然。心中不免浮起一团为魏

---

① 《史记·秦本纪》为"内其将公孙痤"。按："公孙痤"当即公叔痤，参见钱穆《先秦诸子系年》卷三《商鞅考》，商务印书馆2001年版。

国的命运担忧的乌云。

魏惠王正要告辞,公叔痤急忙从病榻上起身,示意左右侍从退下,然后在惠王的耳边低声说:"如果您不任用公孙鞅,此人日后恐为魏国大患。请您一定杀掉他,不能让他出我魏国之境。"惠王被这位老臣的忠诚所感动,于是点头允诺而去。但惠王对商鞅本不看重,心中还是觉得公叔痤所说是言过其实。离开了相府,惠王对两旁的侍臣说:"公叔痤病糊涂了吧?可悲啊!他让我把国家大事托付给一个家臣公孙鞅,这不是悖谬吗!"

公叔痤因举荐商鞅而没有得到魏惠王的认可,快快不乐;但想到魏惠王允诺了如果不用商鞅必杀之,仿佛又去掉了一块心病。可是,当他眼前浮现出风华正茂的商鞅壮志未酬身先死的场面时,一种惜才的侧隐之心不禁油然而生。他不忍这位身具将相之才的家臣就此断送了前程和性命,于是急忙召见商鞅,面带歉意地说:"刚才国君问我谁可以继承相位,我推荐了你,看国君的神色没有任用你的意思。我是以国君的利益为先,以私人的交情为后,所以告诉国君,如果不用你,就把你杀掉。他答应了我。现在你可以赶快离开这里,否则被抓住,性命难保。"商鞅听此话心中怦然而动,但他仍像往常那样在这位相爷面前表现出机智、果敢、镇定。他对公叔痤说:"国君既然不能听信您的话而任用我,又怎么会听信您的话而杀我呢?"公叔痤觉得此话有理,而且又一次感受到商鞅的工于心计。

不久,公叔痤死。当时商鞅并不在相府内,很可能是为慎重起见而躲避在外。这期间,年方二十一岁的秦孝公即位,励精图治,在国中颁布了"求贤令"。商鞅听到公叔痤死且丧事已毕的消息后,觉魏国已无可留恋,于是应秦孝公"求贤令"之召,怀着要在秦国一展宏图的雄心壮志,收拾行囊,携带着李悝的《法经》等著作,西奔入秦。由此,商鞅在秦孝公的支持下,开始了"为秦开帝业"的壮举。当"秦果日以强,魏日以削",魏惠王屡次兵败于秦,不得不把吴起曾攻占的河西之地拱手献给秦以求和的时候,魏惠王悔而言之:"寡人恨不用公叔痤之言也!"(《史记·商君列传》)后人在评论公叔痤荐举商鞅而魏惠王以

为悖谬时说:"此非公叔之悖也,惠王之悖也。悖者之患,固以不悖者为悖。"(《战国策·魏策一》)①

---

① 又见《吕氏春秋·长见》。

第二章 变法前夕

第一节 秦孝公颁布求贤令

秦国原来是西北地区的一个落后部族,在周平王东迁洛邑时因秦襄公救护有功而被封为诸侯国,春秋时期建都于雍(今陕西省凤翔县东南)。在秦穆公当政时期,他任用了百里奚、蹇叔、由余等贤能之臣,革新内政,发展生产,增强军事实力,"广地益国,东服强晋,西霸戎夷"(《史记·秦本纪》),成为雄踞西方的大国。秦穆公死后,秦国的国势渐削。战国初年,秦国的贵族侵凌公室,庶长(相当于其他诸侯国的卿大夫)专擅朝政,甚至操纵国君的废立,以致在秦躁公至秦出子几十年间"数易君,君臣乖乱","国家内忧,未遑外事",河西地区被魏国攻占,"诸侯卑秦,丑莫大焉"。(《史记·秦本纪》)

秦孝公的父亲秦献公曾在魏国寄居二十多年,他于公元前384年回到秦国,杀秦出子,夺取了君位。受魏国变法的影响,秦献公即位后也就施行了一些改革,其主要内容是:(1)"止从死",即废除了在秦国延续多年的人殉制度;(2)将国都从雍城东迁至靠近河西地区的栎阳(今陕西省临潼县北),镇抚边境,准备东伐,收复失地;(3)

"为户籍相伍",即把秦民按五家为一伍进行编制,载入户籍,以利于国家管理和征兵;(4)"初行为市",即开始在都邑设立贸易市场,活跃经济,增加财税收入。这些改革措施为秦孝公时期的商鞅变法奏响了序曲。

在秦献公当政的后几年,随着国力的增长,秦军在对外战争中取得了几次重大胜利。公元前366年,秦军大败韩、魏联军于洛阴(今陕西省大荔县西);公元前364年,又大败魏军于石门(今山西省运城市西南),斩首六万;公元前362年,与魏军战于少梁,虏魏相公叔痤。这些胜利初步扭转了秦国在军事上的劣势,显示了秦献公改革的成效。正当秦军厉兵秣马,准备东伐收复河西地区时,秦献公于公元前362年去世。

次年,太子渠梁继位,此即秦孝公。面对"周室微,诸侯力政,争相并"(《史记·秦本纪》)的天下形势,面对与秦交界的魏、楚两国对秦构成的威胁,年轻有为的秦孝公总结数百年来秦国治与乱、强与弱正反两方面的教训,既为秦穆公时期的"修德行武……天子致伯,诸侯毕贺"而感到荣耀,又为秦穆公以后"诸侯卑秦","夷翟遇之",秦"不与中国诸侯之会盟"而感到耻辱;每当想到河西地区沦陷于魏,先君献公欲收复"缪公之故地"的遗愿没有实现,就"常痛于心"。(《史记·秦本纪》)为了振兴秦国,争雄天下,秦孝公施恩布惠,笼络民心;招募战士,扩充军备;严明赏罚,整饬内政。除此之外,他还效法秦穆公广招人才、任用贤能,果断地颁布了"求贤令"。此令称:"宾客群臣有能出奇计强秦者,吾且尊官,与之分土。"(《史记·秦本纪》)

这道"求贤令"是一代英主选贤任能、励精图治的宣言书,它不仅振响于渭水两岸,而且远传中原。此时,商鞅正苦于满腔抱负、一身才能在魏国不能施展,闻此令后,便星夜兼程,西奔入秦。

第二节　商鞅三试秦孝公

公元前 361 年，商鞅穿过魏国在洛水沿岸修筑的长城，来到了秦国毗邻前线的新都栎阳。这里正处在一场重大历史变革的前夕，新君的即位，战争的动员，列队森严的士兵，市场上的谷物和铁制兵器、农具，招摇过市的旧贵族，新富起来的商人、地主，穷苦的农民，应"求贤令"而来的士人、保守派和改革家……这些使栎阳城处在紧张、喧闹、躁动不安的气氛之中。

商鞅来到这个陌生的城市，为了尽快接近权力的中心，他不顾士人们经常计较的名声的洁污，委身投靠在秦孝公的一个宠臣景监的门下。景监者，姓景的太监也。商鞅到秦以后所走的这第一步，就经常引起人们的非议：秦国隐士赵良批评商鞅"因嬖人景监以为主，非所以为名也"，司马迁也批评商鞅"因由嬖臣"（《史记·商君列传》）。

通过景监这个捷径，商鞅很快得到了觐见秦孝公的机会。第一次觐见，商鞅侃侃而谈、喋喋不休，秦孝公几乎无法打断商鞅的话。但是，秦孝公对商鞅所说明显不感兴趣，他不时地打起瞌睡。等商鞅讲完、起身告退后，孝公把景监叫到面前，恼怒地说："你介绍来的这位宾客是虚妄之徒啊！我怎么能用这样的人呢？"景监唯唯而退。回到家中，他把商鞅责备一番，问："你向国君说了些什么不中用的话呢？"商鞅说："我是向他讲帝道，看来他对此理解不了啊！"所谓"帝道"，也就是孔子曾讲过的"君道无为""恭己正南面而已""垂衣裳而天下治"那套道理。

五天过后，商鞅第二次觐见。这一次，商鞅还是滔滔不绝，谈得更多、更起劲。然而，商鞅所说仍不合孝公之意。孝公又一次责备景监，而景监也再次责备商鞅。"还是不中用!你这次又说了些什么呢?"景监问。商鞅说:"我是向他讲王道,可他还是听不进去。请你想办法让他再次召见我。"所谓"王道",也就是孔子大力提倡的"导之以德,齐之以礼",以仁义服天下那套道理。

  第三次觐见,商鞅所说不比往先,但在关键的地方却又有些含蓄,引而不发。秦孝公渐渐听出些味道,时时点头称善。等商鞅把一席话讲完,孝公虽然没有立即表示采纳,但面带笑容,彬彬有礼地送客。景监凑过来摸底细,孝公说:"你介绍来的这位宾客还是不错的嘛!我们可以接着往下谈了。"景监回到家中,向商鞅转达了此意。这时,商鞅已胸有成竹,他说:"我刚才向国君讲霸道,他有了采纳的意思。他要再召见我,我已经知道怎么接着往下说了。"所谓"霸道",也就是强化君主集权,使用刑罚,奖励耕战,以经济和军事实力称霸天下的那套道理。实际上,这也就是商鞅从小所喜欢的"刑名之学"。

  商鞅经过三试秦孝公,对孝公的心意已经一清二楚,他感觉到这是一个可以依靠、可以使自己一展宏图的君主。当孝公再次召见商鞅,他就直言不讳,把"诸侯力政,争相并"的天下形势和平生所学、所思一一道出,并且向孝公提出一条一条的"强国之术"。孝公聚精会神地听,连连赞许,不知不觉地竟然将膝盖渐渐往前挪,离商鞅越来越近。主客二人相遇知己,话说得投机,而且越说越深、越讲越细,以致数日不厌,乐此不疲。

  景监对孝公和商鞅的契合大喜过望,当再见到商鞅时,连忙问:"你怎样说中了国君的心意?我们国君真是太高兴了!"商鞅说:"我向国君讲帝王之道,劝他和夏、商、周三代相比。而国君说:'这太久远了,我可等不到恢复三代之治那一天。有才能的君主个个都是在自己活着的时候就名扬天下,怎么能悒悒不乐地等数十、数百年才成就帝王之业呢?'既然国君是这样的想法,我也就不讲帝王之道,而改讲强国之术了。国君对此是非常喜欢呀!可是,这样一来也就难以和殷、周时期的德治教化相比了。"(《史记·商君列传》)

  对于以上秦孝公与商鞅这段最初的君臣际遇,后人有不少议论。有的人从中看到了商鞅学问的广博或驳杂；有的人从中看到了法家学说有其儒学渊源；有的人认为商鞅本欲劝说秦孝公行"帝王之道"，只是因孝公惑于急功近利而不开悟，所以才自为贬损，提出任法之说；有的人推测如果商鞅坚持并且秦孝公采纳了"帝王之道"，则其强国之效虽然不能像任法之说那么迅速，但秦总可以保持长治久安，不至于统一中国后二世而亡。对这些议论我们不一一评说，在这里暂以司马迁和清人严万里（可均）的一种看法作结。司马迁说：商鞅"天资刻薄"，其以"帝王之道"游说秦孝公，不过是"挟持浮说"，并非其思想的实质。（《史记·商君列传》）严万里说："鞅安知所谓帝王之道也？伪也！彼不过假迂远悠谬之说，姑尝试之，而因以申其任法之说。"（《商君书新校正序》）

第三节　改革与守旧的御前辩论

商鞅取得了秦孝公的信任，开始绘制改革的蓝图，拟订变法的细则，并且不断地与秦孝公切磋，以便达成君臣的共识。公元前359年，也就是秦孝公即位后的第三年，商鞅认为变法的时机已成熟。秦孝公虽然也决计变法，但他知道朝野上下有不少的变法反对派，当变法要付诸实施的时候，反对派的呼声也愈益高涨。为了在群臣中申述变法的理由，显示其变法的慎重，他召开御前会议，听取正反两方面的意见，"虑世事之变，讨正法之本，求使民之道"（《商君书·更法》）。于是，一场改革与守旧的辩论便在栎阳城的秦宫内展开。

秦孝公首先申明君臣大义，并且表明自己的变法主张以及恐遭人议论的犹豫态度。他说："身居君位而不忘社稷，这是君之道。建立法度而使国君光明，这是臣之行。现在，我要变更法度来治理国家，改革礼制来教导百姓,可是又怕受到天下人的非议。"

商鞅力争主动,抢先一步禀奏:"臣闻之,行动迟疑就不会成名,做事犹豫就不会成功。请国君不要顾忌天下人的议论,而急定变法之决心。况且,有卓越行为的人,肯定会受到世人非议;有独到思想的人,必然会受到民众嘲笑。常言说:'愚者在事成之后还不明白,智者在事情萌生之先就已有预见。'民众是不可以参与考虑事业的开端的,而只能够在事业成功之后分享一些快乐。郭偃①的法书说:'讲论崇高道德的人不附和于世俗,建立伟大功勋的人不谋事于民众。'法度是用来爱护人民的,礼制是用来利于国家的。所以圣人只要有益于人民,就不拘守旧的法度;只要能使国家强盛,就不因循旧的礼制。"秦孝公听后称"善"。

保守派的代表甘龙早已按捺不住,等秦孝公的话音刚落,便说:"臣以为不然。我听说过,圣人不改易人民的礼俗来施行教化,智者不变更以往的法度来治理国家。随顺人民的礼俗而施行教化,可以不劳而成功;依照以往的法度而治理国家,官吏既很熟悉,百姓也能相安。现在如果变更法度,不遵守秦国的旧制,改变礼俗来教化百姓,我恐怕天下人会指责、非议君上。愿君上慎思明察。"

商鞅立即进行针锋相对的反驳:"甘龙所说都是世俗之言。平庸者总是安于习惯,学究们总是拘泥于见闻。这两种人可以居官而守法,却不可以参与讨论常法之外的事情。夏、商、周三代的礼制不同,而都成就了王业;春秋五霸的法度各异,也都做了霸主。所以说,智者创立法度,而愚者受其制约;贤者变更礼制,而不肖者受其拘束。我们不能和那些受礼制拘束的人商讨大事,不能和那些受法度制约的人计议变法。请君上变法而无疑。"

这几句话用三代和五霸的历史事实阐明了变法改制的必要性和合理性,而且把反对变法的一大批朝臣置于庸人、学究、愚者、不肖之徒的行列。甘龙被激怒得面红耳赤,想奋起再争,可又一时语塞,没有找到

---

① 郭偃,春秋时人,佐晋文公变法,著有法书。

合适之辞。

这时，保守派的另一位代表杜挚进言："臣闻之，没有百倍之利不可变法，没有十倍之功不可更换器具。我还听说，效法古人就不会有过错，依循礼制就不会有奸邪。请君上慎重考虑。"

商鞅再次据理力争："前世的政教不同，我们效法哪个古人呢？帝王的治道不重复，我们又依循哪种礼制呢？以前，伏羲、神农只施教而不杀人，黄帝、尧、舜只杀有罪的人而不株连妻、子。到了周文王和周武王时，个个都是当时而立法，因事而制礼。礼法要依据时势而定，制度和命令要适合实际的需要。兵器、盔甲和各种器具都是为了便于使用。所以我说，治世不一道，便国不必法古。商汤、周武不拘守古法而成就了王业，夏桀、殷纣没有改易礼制却灭亡了。可见，违反古法的人未必就是错的，而因循旧礼的人未必就是对的。请君上变法而无疑。"

保守派和改革派在关系到秦国命运和各集团、各阶层利益的变法问题上，唇枪舌剑、往返辩驳。商鞅理直气壮、雄辩滔滔；保守派不甘示弱，但渐渐有些理屈词穷。

这场辩论的主角是商鞅，导演则是秦孝公。商鞅的道理和辩才博得秦孝公的连声称赞，也愈发坚定了这位君主实施变法的决心。到了最后拍板的时候，秦孝公断然表态，决计变法，并且对保守派予以不留情面的指责。他说："我听说过，居住在偏僻小巷中的人遇事总是少见多怪，而蔽于一曲之学的学者对什么事都要争辩不休。愚者所喜欢的事，正是智者所悲哀的事；狂妄之徒所高兴的事，正是贤人所伤悼的事。对于那些拘泥世俗观点的议论，寡人不能听从。我已决计变法，不再犹疑。"（《商君书·更法》）①

在秦孝公的支持下，辩论以改革派的胜利、保守派的失败而告终。于是，秦孝公下达第一道变法令。从此，秦国的历史翻开了新的一页。

---

① 又见《史记·商君列传》。

第三章 第一次变法

第一节 徙木赏金 取信于民

在第一道变法令向境内全民正式公布之际，秦孝公和商鞅担心民众会怀疑此令执行的坚决性。为了树立变法令的权威，赢得民众的信任，商鞅效法吴起镇守西河郡时的一段往事，采用了"徙木赏金，取信于民"的策略。

吴起攻占秦国的河西地区后，魏文侯设西河郡，以吴起为郡守。河西地区是秦魏两国兵戎相见、互相争夺的战略要地。魏武侯时，秦军在阵地前沿设置一个岗亭，以观察魏军的动静，并且不断骚扰洛水东岸的农业生产。吴起欲拔掉这一岗亭，但兵力不够，所以首先以重赏的方式鼓励当地居民参战。为了使居民们相信重赏必然兑现，吴起将一个车辕靠在郡城的北门之外，下令说："如有人将此车辕搬到南门之外，我赐其良田和上等宅第。"许多人把这话当作戏言，其中有一人说："我试一试把它搬到南门，就是得不到赏，对我也没什么损失。"当这个人把车辕搬到南门外后，吴起果然按令给予赏赐。接着，吴起又将一石红豆放在东门之外，下令说："如有人将此红豆搬到西门之外，我给他和上次一样的赏赐。"居民们蜂拥而上，争相徙之。吴起乃又下令说："明日将进攻秦军的岗亭，有能最先登上岗亭者，我授给他国大夫的爵位，并赐之以良田和上等宅第。"重赏之下，必有勇夫。第二天攻亭，"人争趋之"，"一朝而拔之"（《韩非子·内储说上》）。

商鞅对吴起这段赏之以信而获得成功的往事，深深佩服。他为了在秦国贯彻新法，也照此办理。于是，他命人在栎阳城闹市区的南门立了一根三丈长的木杆，张贴告示，说有能将此木杆搬到北门者赏予"十金"。栎阳百姓围着木杆和告示议论纷纷，都觉得很奇怪，不敢相信如此轻而易举的事情会得到如此重的赏赐。有人禀报商鞅："南门之木，民不敢徙之。"商鞅将赏格提高，再次下令说："能徙者予五十金。"新告示贴出，围观者更感疑惑。有一人抱着试试看的态度，从人群中走出，在众人的簇拥下将木杆从南门搬到北门。此事搅动了栎阳城的大街小巷，人们纷纷涌向北门，一时人头攒动，争相一睹徙木者会得到什么结果。令众人羡慕不已的是，他果然得到了"五十金"的重赏（《史记·商君列传》）。秦民们由此知道了政令无欺、言而有信、令出必行。这样，"徙木赏金"就为变法令的实施起到了树立权威、鸣锣开道的作用。

赏、罚是法家治国的主要手段。李悝在魏国变法时就提出了"赏必行、罚必当"，商鞅继承了李悝的这一思想，并且吸取了吴起治理西河的经验，更强调"赏则必多，威则必严"（《商君书·外内》），"赏厚而信，刑重而必"，"民信其赏则事功成，信其刑则奸无端"（《商君书·修权》）①。在现存的《商君书》二十四篇中，有"厚赏重刑"和"重刑轻赏"两种不同的观点。②这说明商鞅及其后学对"重刑"是一致同意、始终坚持的，但在是否"厚赏"的问题上存在意见分歧、有所争执。从商鞅本人"徙木赏金"的事迹看，他是持"厚赏重刑"的观点的。这一事迹鲜明地体现了《商君书·修权》篇所表述的"赏厚而信""民信其赏则事功成"的思想。后来，宋代的改革家王安石曾作诗云："自古

---

① 《韩非子·定法》亦云："公孙鞅之治秦也……赏厚而信，刑重而必……"
② 参见郑良树《商鞅及其学派》第35—40页。

驱民在信诚，一言为重百金轻。今人未可非商鞅，商鞅能令政必行。"（《王临川集》卷三十二《商鞅》）的确，"厚赏而信"是"商鞅能令政必行"的重要手段之一。

第二节　第一次变法的主要内容

第一，颁布"垦草令"。

据《商君书·更法》篇，商鞅在与甘龙、杜挚辩论取得胜利后，秦孝公首先颁布的就是"垦草令"。《商君书》以记述这场辩论情况的《更法》为首篇，列居其后的便是《垦令》篇。商鞅的治国思想以"农战""富国强兵"为核心，而"农""富"正是"兵""战"的经济基础。因此，商鞅变法把垦荒兴农作为开端是符合商鞅的思想逻辑的。

现存的史书没有留下秦孝公的"垦草令"，《商君书》的《垦令》篇一般被认为是商鞅为"垦草令"拟就的方案。这一方案为垦荒兴农提出了二十种措施，其中包括地税、商税、徭役、刑罚等制度，以及取消贵族特权、防止官吏贪污、压抑工商、制裁奢侈游惰等内容。从《垦令》篇我们可以想见"垦草令"的大致内容，也可以看出由此令的执行所引起的秦国在政治、经济和思想文化领域的广泛变革。

《垦令》篇共分二十节，每一节都提出一种措施，然后论证实行这一措施"则草必垦矣"。下面将二十种措施分述如下：

（1）"无宿治"，即朝廷命官不许拖延政令，积压公务。这样，奸邪的官吏就来不及以权谋私，从而农民不受损害，农时也得到保障。

（2）"訾粟而税"，即国家计算农民收入粮谷的多少来征收地税。这样，国家的地税制度统一了，农民负担的地税就公平了。国家的地税制度统一，就有了信用，官吏也就不敢作弊。农民负担的地税公平，就会勤谨慎重，不想改业。由于国家有信用，官吏不敢作弊，农民也就上不指责国君，中不苦恨官吏，于是积极务农，父子相继。

（3）"无以外权爵任与官"，即不授予那些借助外国势力的人以爵位和官职。这样，人民就不重视学问，思想愚昧，不和别国交往，从而国家安全，人民不轻视农业，勤勉耕种而不懒惰。

（4）"以其食口之数，贱（赋）而重使之"，即按照贵族的家属、食客的人数征收其人口税，并加重他们的徭役。这样，贵族家中就负担不起众多的食客，那些邪僻、闲散、游荡、懒惰的人找不到混饭吃的地方，也就必然去务农了。

（5）"使商无得籴（粜），农无得粜（籴）"，即不许商人卖粮，也不许农民买粮。这样，懒惰的农民因不许买粮就不得不努力种田；商人因不许卖粮就不能利用丰年和荒年从中谋利，经商不能获利也就愿意弃商务农。

（6）"声服（技）无通于百县"，即不许音乐、杂技等到各县去巡演。这样，农民在劳作和休息时就听不到、看不到这些音乐、杂技，思想就专一于务农。

（7）"无得取庸"，即不许私自雇用佣工。这样，富家子弟和懒汉都得自己劳动，受雇的人没有了吃饭的地方也就必然去务农。

（8）"废逆旅"，即不许开设旅店。这样，奸伪狡猾的人、蛊惑农民的人、私交大臣和外国的人就不能远行；开设旅店的人也不得不转业去务农。

（9）"壹山泽"，即由国家垄断山泽之利，禁止私自采矿、冶铁、捕鱼、贩盐[①]等等。这样，厌恶农作、懒惰、贪婪的人就不能随处谋食，因而不得不去务农。

（10）"贵酒肉之价，重其租，令十倍其朴"，即提高酒肉的价格，

[①] 秦国本土不产盐，故需外运。秦兼并巴蜀后始开盐井煮盐。参见缪文远《七国考补订》，上海古籍出版社1987年版，第190页、第199—200页。

征收十倍于酒肉成本的税额。这样，卖酒肉的商人少了，粮食就不至于浪费；大臣们不荒淫醉饱，政务就不会拖延；农民们喝不起酒，农事就不会被怠慢。

（11）"重刑而连其罪"，即加重刑罚，一人有罪，其家属和邻居连坐。这样，狭隘、急躁的人不敢打架，粗暴、刚强的人不敢争讼，懒惰的人不敢游荡，浪费钱财的人不敢造作，奸巧、阿谀、心地险恶的人不敢欺诈。

（12）"使民无得擅徙"，即不许人民擅自迁徙。这样，那些贪婪、不安于农业的人就不能离家出走，不得不专心一意地务农。

（13）"均出余子之使令，以世〔册〕使之，又高其解舍"，即对于贵族家中嫡长子以外的子弟，按照名册征以同平民一样的徭役，并且提高解免徭役的条件。这样，他们不能逃避徭役，想游事于权贵做大官又没有把握，因而也必然去务农。

（14）"国之大臣诸大夫，博闻、辩慧、游居之事皆无得为，无得居游于百县"，即不许官僚追求博闻、善辩和智慧，不许他们各处闲游。这样，农民听不到什么奇谈，看不见什么异事，有知识的农民无从改业，无知识的农民也不喜好学问，他们就只有积极从事于农作。

（15）"令军市无有女子，而命其商人自给甲兵，使视军兴，又使军市无得私输粮者"，即命令军人市场不得有女子出入，军人市场的商人供应军需物品，随时做好战争准备，又使军人市场不得私运粮食。这样，奸巧的计谋无法在军人市场隐藏。偷军粮的人无法将赃物卖出，运军粮的人不私自拖延，轻浮、懒惰的人不到军人市场游逛，农民就安心务农，国家的粮食也不浪费。

（16）"百县之治一形"，即各县的政法制度统一。这样，人人都遵守法制，邪僻的官吏不敢玩弄花样，继任的官吏不敢更改制度，玩忽职守的官吏不能掩饰错误，官员的数量就可以减少，农民的负担就可以减轻。

（17）"重关市之赋"，即对关市商品征收重税。这样，农民不愿意经商，商人也对经商产生疑惑而有消极之想。

（18）"以商之口数使商，令之厮、舆、徒、重（童）者必当名"，即按照商户人口包括其奴仆的数目分配徭役。这样，商人的负担加重了，就没有余力将那些馈赠商品运往各县；农民的负担减轻了，也免去了饿着肚皮从事往来应酬，农事便得以保障。

（19）"令送粮无取就，无得反庸，车牛舆重设必当名"，即不许雇别人的车送公粮，也不许送粮返回时揽载别人的货物，车牛所载粮食的重量要和官册上注明的重量相当。这样，送粮的车就往返迅速，农事不会因送粮而受到妨害。

（20）"无得为罪人请于吏而饷食之"，即不许给犯罪在押的人送饭。这样，奸民没有靠主，作奸免不了受罪，他们就不敢欺凌、伤害农民。

总之，"垦草令"的实质是整饬吏治，强化司法，压抑特权，惩治闲懒，加重非农业人口特别是商人的负担，用行政、法律和经济手段驱赶尽可能多的人去开荒种地，专心务农。

第二，除"垦草令"之外，据《史记·商君列传》的记载，商鞅第一次变法还有如下六个方面的重要内容。

（1）"令民为什伍，而相牧司连坐"，这是在秦献公"为户籍相伍"的基础上强化秦民户籍管理制度，并以犯法连坐的形式使秦民互相监督。

"令民为什伍"，就是把民户按照五家为一"伍"、十家为一"什"的单位进行编制和管理，从而形成最基层的社会行政组织。在这一组织中，实行严格的户口登记制度，以利于国家征收兵员和征派徭役、赋税，同时对人员迁徙进行控制。《商君书·境内》篇说："四境之内，丈夫女子皆有名于上，生者著，死者削。"《去强》篇也说："举民众口数，生者著，死者削，民不逃粟……"这就是说，境内各户的家庭成员以及奴仆必须在国家建立的户口簿上登记，生者的姓名录入户口簿，死者在户口簿上除名；"民不逃粟"，即使人民不能逃避粮税，这是此项措施的一个主要目的。前述《垦令》篇所说："以其食口之数，贱（赋）而重使之"，"均出余子之使令，以世〔册〕使之"，"以商之口数使商，令之厮、舆、徒、重（童）者必当名"，便是国家利用户口登记制度而征派徭役、赋税的例证。

《垦令》篇中还有"使民无得擅徙",这是户籍管理的另一项内容。居民不经官方的批准不得外出,外出者须随身携带官方批准的证件。《史记·商君列传》载商鞅后来逃亡到秦国边境的一家旅店(由此知《垦令》篇关于"废逆旅"的措施至少在秦国边境一带没有严格地普遍施行),店主人说:"商君之法,舍人无验者坐之。""无验"即没有官方批准外出的证件;如果有人容留了这样的外出者,则主客一并治罪。在中国历史乃至世界历史上,商鞅是创制严格的户籍管理制度或户籍法的第一人。

"相牧司连坐",就是在"什""伍"组织中互相监督、告发,如果一家犯法,其余各家没有举报,则"什""伍"一同治罪。《垦令》篇所谓"重刑而连其罪"即指此。中国古代早就有依血缘关系的"族诛连坐",商鞅将"连坐"从血缘关系扩大到居民邻里关系,这一方面反映了从大家族统治到以小农经济为主的社会变迁,另一方面也表现了商鞅之法的严密和严酷。将"连坐"同"什伍"户籍制度联系起来,这是商鞅的首创。后来韩非子在说到"公孙鞅之治秦"时,最先提到的便是"设告相坐而责其实,连什伍而同其罪"(《韩非子·定法》)[①]。这一制度实际上就是以后在中国历史上一直延续到近现代的保甲制度或保甲法。

(2)"不告奸者腰斩,告奸者与斩敌首同赏,匿奸者与降敌同罚。"这是作为"相牧司连坐"细节的告奸法:如不举报犯罪者,则处以腰斩酷刑;举报者与斩敌人首级者受同样奖赏,窝藏者与降敌者受同样惩罚。

《商君书·境内》篇载:士兵能斩得敌军甲士一颗首级,就赏赐他爵位一级、农田一顷、住宅地九亩、"庶子"(其社会地位接近仆人)一人。把同样的赏赐授予"告奸者",可以说是非常丰厚的。而对"不告奸者"施以"腰斩"酷刑,则体现了商鞅"行罚重其轻者"(即对轻罪

[①] 另《韩非子·和氏》亦云:"商君教秦孝公以连什伍。设告坐之过……"

施以重刑）(《商君书·靳令》)①的原则。《商君书·算地》篇说："夫刑者所以禁邪也,而赏者所以助禁也。"《外内》篇说："其赏少则听者无利也,威薄则犯者无害也……赏则必多,威则必严……"告奸法便是商鞅以厚赏重刑达到"禁奸止过"、以民治民目的的一个重要措施。

与告奸法相联系的是商鞅主张普及法律知识,"圣人为法,必使之明白易知",由朝廷设置通晓法律条文并负责宣讲的法官,使"天下之吏民无不知法者"(《商君书·定分》)。这样,法律家喻户晓,再加上刑赏的威胁利诱,告奸法才能真正奏效。此即《商君书·说民》篇所谓"有奸必告之,则民断于心"。

（3）"民有二男以上不分异者,倍其赋。"这是为适应小农经济发展的需要,用课以重税的方法推行一夫一妻式的小家庭。它规定：一家如有两个以上男丁而不分居另立的,国家征收其双倍的人口税。

战国时期,由于铁制农具的普及,生产力水平有了很大提高。宗法制大家族的家庭形式使家庭成员产生相互依赖的心理,不利于发挥生产的潜力,而一夫一妻式的小家庭却是适应新的生产力水平、能够调动生产者积极性的一种家庭形式和生产单位。家庭形式的变迁受传统宗法观念的影响,因此是一个缓慢的过程。商鞅变法的一个重要特征就是用新法律、新制度同旧观念相对抗,用经济效益、军事实力同传统伦理相对抗。为了振兴农业、富国强兵,商鞅用经济立法、征收重税的方式促进大家族的离异和小家庭的形成,从而加速了小农经济的发展。一夫一妻,男耕女织,中国两千多年封建社会就是以此种家庭形式为主要生产单位和社会基础的。

（4）"僇力本业,耕织致粟帛多者复其身；事末利及怠而贫者举以为收孥。"这是奖励耕织、压抑工商、惩治闲懒的一项立法：凡努力从事农业,勤耕勤织,粮食、布帛获得丰产者,国家免除其徭役；凡经营工商致贫以及因懒惰致贫者,连同妻、子一同没入官府为奴。

---

① 《韩非子·内储说上》云："公孙鞅之法也重轻罪……夫小过不生,大罪不至,是人无罪而乱不生也。一曰："公孙鞅曰：'行刑重其轻者,轻者不至,重者不来,是谓以刑去刑也。'"

商鞅治国思想的核心是"农战"。如《商君书·算地》篇所说:"圣人之为国也:入,令民以属农;出,令民以计战。"在"农战"中,"农"处于基础的地位,而且人民只有专心务农,才朴实而容易治理,忠厚而容易役使,诚信而可以守土、可以攻战。所以,《商君书·农战》篇说:圣人的"治国之要"就是"令民归心于农"。赏罚是"令民归心于农"的最主要手段。对勤于耕织、获得丰产的农户给予免除徭役的奖励,这是实行重农政策、调动农业生产积极性的有力措施。

重农的另一面是压抑工商,惩治闲懒。农业是一项艰苦的劳动,如果人民见"商贾之可以富家也,技艺之可以糊口也",就会趋利避农。《农战》篇说:"百人农一人居者王,十人农一人居者强,半农半居者危。"因此,必须压抑工商,惩治闲懒,驱赶尽可能多的人去务农。前述《垦令》篇所谓"壹山泽""贵酒肉之价""重关市之赋"等,就是压抑工商的一些具体措施。通过限制经营范围、加重徭役和赋税,国家促使工商业者尽可能多地破产,从而扩大农业劳动者的队伍。除了经济手段外,再对经营工商致贫和懒惰致贫者施以没入官府为奴的政治打击,这样就雪上加霜,造成务农之外别无他途的局面,加速非农业人口向农业人口的转化。

(5)"有军功者各以率受上爵,为私斗者各以轻重被刑大小。"这是奖励军功、禁止私斗的一项立法:建立军功者按功劳大小授予不同的官爵,从事私斗者按情节轻重判以不同的刑罚。

在商鞅的思想中,重农是为了增加经济实力,而增加经济实力又是为了用于战争。因此,奖励耕织和奖励军功,使民"喜农而乐战"(《商君书·壹言》),就像车之两轮、鸟之两翼一样并行不悖、相辅相成。《农战》篇说:"凡人主之所以劝民者,官爵也。"战争是出生入死的搏杀,要使人民舍生忘死而"乐战",就必须诱以官爵:"士有斩首捕虏之功,必其爵足荣也,禄足食也。"(《商君书·君臣》)

当时,商鞅为秦国重定的爵制有二十级:第一级公士,第二级上造,第三级簪袅,第四级不更,第五级大夫,第六级官大夫,第七级公大夫,第八级公乘,第九级五大夫,第十级左庶长,第十一级右庶长,第十二级左更，第十三级中更，第十四级右更，第十五级少上造，第十六级大上造，第十七级驷车庶长，第十八级大庶长，第十九级关内侯，第二十级彻侯。(《汉书·百官公卿表》)

《商君书·境内》篇载，凡斩得敌人一颗首级者，可赐爵一级、赏农田一顷、住宅地九亩、"庶子"一人。《韩非子·定法》篇载："商君之法曰：斩一首者爵一级，欲为官者，为五十石之官。斩二首者爵二级，欲为官者，为百石之官。"军功越大，官爵和其他赏赐就越高。战争本来是十分危险、残酷的事，但由于"富贵之门必出于兵"，所以"民闻战而相贺也，起居、饮食所歌谣者，战也"(《商君书·赏刑》)。高官厚禄、富贵名达，激起百姓的战争狂热，"民之见战也，如饿狼之见肉"；在父送子、兄送弟、妻送夫上战场时，总要嘱咐："不得，无返！"(《商君书·画策》)(不得敌人首级，就别回家！)

对外鼓励战争，对内则禁止私斗。商鞅认为，对外战争的胜利必须以国内政治上的胜利为根本；有了国内政治上的胜利，人民就不进行私人之间的争斗，就以国君的意志为意志。《商君书·战法》篇说："王者之政，使民怯于邑斗，而勇于寇战。""邑斗"即邑内私人之间的争斗。对邑斗者施以刑罚，并且"重刑而连其罪"，邑斗者就会望而却步，从而在全国形成同仇敌忾、一致对外、"勇于寇战"的局面。

（6）"宗室非有军功论，不得为属籍。"这是对国君的宗族家室成员的资格的再认定：他们必须在战场上荣立军功才能被列入宗室的谱牒，如果没有军功，就会被取消宗室成员的资格。

这项立法实际上是对贵族世袭制度的否定，是取消他们无功而受禄的特权。国君的宗室成员尚且要到战场上拼杀，其他贵族子弟就更没有兵役的豁免权。"富贵之门必出于兵"，在这一点上人人平等，旧贵族只有在战场上才能重新争回他们的荣耀。

李悝在魏国变法时就曾提出"食有劳而禄有功"的原则，并且针对"其父有功而禄其子，无功而食之"的世袭贵族，提出了"夺淫民之禄以来四方之士"。(《说苑》卷七《政理》)商鞅在秦国以军功重新认定贵族资格，这是对李悝思想的继承。这项立法必然导致一些旧贵族的衰落，而取代他们的是起于卒伍"受上爵"的荣立军功者。

（7）"明尊卑爵秩等级，各以差次名田宅，臣妾衣服以家次；有功者显荣，无功者虽富无所芬华。"这是以新的尊卑秩序否定原有的世卿世禄制，按照军功的大小实行政治和经济权益的再分配。它规定：以军功获取的爵位等级要在社会生活、法律制度上得到明确承认和体现，田地的多少、住宅的建制、奴婢的数额、衣服的制式等等都要依爵位等级的差别而定；有军功者充分享受尊荣，无军功者即使富有也不能显扬豪华。

商鞅变法以"富国强兵"为目的，而其客观效果是使社会经济关系、政治关系发生了深刻的变革。一大批奴隶被解放出来，通过垦荒而获得了土地，通过编入"什伍"而取得了平民身份；许多商人、手工业者因破产而改事农耕，有的沦为新的奴仆；一部分旧贵族走向没落，失去原有的权势，沦为平民；一部分富裕农户上升到地主阶级的行列；一部分士卒因有军功而进入国家的统治阶层。这些变革需要得到法律的保护、社会的认可。"明尊卑爵秩等级"就是要把新的社会地位、新的等级制度用法律确定下来，并在社会生活中得到鲜明的体现。

第三节　贯彻新法的斗争和成效

商鞅变法既然是一场深刻的社会变革，就必然激起一部分在变革中将失去原有优越地位的社会阶层的强烈反对。新旧势力的斗争是不可避免的。而历史终将对新与旧、改革与保守、进步与倒退做出公正的裁决。

史载：秦孝公在颁布第一次变法令后，"百姓苦之"（《史记·秦本纪》);又载:在变法令施行一年后,"秦民"到国都"言初令不便者以千数"(《史记·商君列传》);《盐铁论·非鞅》篇亦云:"商鞅峭法长利,秦人不聊生,相与哭孝公。"这里说的"百姓"和数以千计的到国都哭诉或闹事的示威者,可能有的是出于对新法暂时不理解,而相当一部分是权益受到损害的贵族子弟、"工商之民"和"游食者"。在这些人的背后,则有一批保守派的官僚和宗室贵戚撑腰。

秦都栎阳城人潮涌动,反对改革的呼声甚嚣尘上。这时,年少的太子在其保守派的师傅和一些宗室贵戚的唆使下触犯法令,公开站在了反对改革的一边。宫里宫外,密切配合;台前幕后,紧锣密鼓。改革遇到强大的阻力,新法受到挑战,面临夭折的危险。

在严峻的形势下,商鞅不惧阻力,不顾个人日后的安危,沉着、果决地向秦孝公陈述自己的意见:"法之不行,自于贵戚。君必欲行法,先于太子。"(《史记·秦本纪》)(新法之所以不能贯彻执行,是由于宗室贵戚首先犯法。如果要使新法必行,就须首先将太子治罪)秦孝公同意了商鞅的意见,但念及太子是君位的继承人,不可施刑,所以下令将太子的两个师傅公子虔、公子贾传来,代太子受刑,其中公子贾被施以面部刺字的黥刑。第二天,秦孝公治太子罪、令其师傅代之受刑的消息传开,立即对改革的反对派起到强烈的震慑作用,街头抗议的人群逐渐散去,"秦人皆趋令"(《史记·商君列传》)。

除了将太子治罪外,史书上还有商鞅"日绳秦之贵公子"(《史记·商君列传》载赵良语),一日临渭水将"七百余人"正法,"渭水尽赤,号哭之声动于天地"(《史记·商君列传》)的记载。从变法之初反对派的嚣张气焰和变法令中"宗室非有军功论,不得为属籍"的条文看,宗室成员中太子犯法不可能是孤立的现象,其他"贵公子"肯定会暗中鼓动或自己以身试法,商鞅对这些人也严加约束、绳之以法,这是理所当然的。商鞅力主"刑无等级""刑重而必"。《商君书·定法》篇说:"不能开一言以枉法。"《赏刑》篇说:"自卿相将军以至大夫庶人,有不从王命、犯国禁、乱上制者,罪死不赦。"在数千人聚集都城抗议新法的严峻形势下,商鞅采取严厉的镇压措施,将"七百余人"屠杀于渭水之滨，这是当时可能发生的情况。

在严刑峻法的威慑下，抗议的浪潮被压制下去，新法得以继续贯彻执行。行之三年，新法初见成效，拥护的人逐渐增多，"百姓便之"，秦孝公"乃拜鞅为左庶长"（《史记·秦本纪》）。"左庶长"在秦国的二十级爵制中列为第十级，这在当时是有军政实权的一个官职。

改革给秦国的政治、经济带来了蓬勃生机，军事实力随之迅速增长。公元前355年，即实行变法四年之后，秦孝公与魏惠王在洛水之东（河西地区）的杜平（今陕西省澄城县东）相会。这次秦魏两国首脑间的高级会晤，打破了长期以来"诸侯卑秦""夷翟遇之"，不与之"会盟"的局面。而且，这次会晤实质上是秦魏两国的领土谈判，秦孝公咄咄逼人地向魏惠王提出了归还河西地区的要求。谈判没有取得结果，在两国首脑相互拂袖而去的第二年，秦魏争夺河西地区的战端重开。

公元前354年，秦乘魏进围赵都邯郸之机，以商鞅为将，兴兵伐魏，东征河西地区之元里（在今陕西省澄城县境内，与秦孝公和魏惠王相会之地——杜平相距不远）。秦军在商鞅的率领下，个个争先，奋勇杀敌，大败魏军，斩得首级七千，并且乘势攻取黄河西岸的重镇——少梁。

同年，秦派公子壮率师侵韩，插入韩魏两国的交界地区，进围焦城（今河南省尉氏县西北），不克，随后占据上枳、安陵（今河南省鄢陵县北）、山氏（今河南省新郑县东北），在这三个地方筑城割据，兵锋所向，威逼魏国的新都大梁（今河南省开封市。据《史记·魏世家》和《商君列传》，魏迁都大梁在"惠王三十一年"即公元前339年，此说实误。按《竹书纪年》，魏"徙都于大梁"是在惠王九年即公元前361年[①]）。

公元前352年，秦孝公提升商鞅为"大良造"。此爵位在秦国二十级爵制中列第十六级，其职权相当于丞相（秦国正式设置丞相职在秦武王二年即公元前309年，见《史记·秦本纪》）。史传"商鞅相孝公"当

---

① 参见缪文远《七国考订补》，上海古籍出版社1987年版，第291页。

指从此年开始。同年,商鞅统率大军强渡黄河,兵围魏国的旧都安邑,迫使守军投降。当此时,魏国在东线因中孙膑"围魏救赵"之计在桂陵(今河南省长垣县西南)大败于齐,在西线又屡败于秦,以前魏强秦弱的军事态势已发生重大转变,秦国在河西地区的争夺战中已占据了主动、优势地位。

诚如《商君书·战法》篇所说:"凡战法必本于政胜。"(战争的胜利必本于国内政治上的胜利)。秦国之所以在对魏、对韩战争中不断取得重大胜利,实是由于国内经济实力的增长,政治上的稳定,统治阶层中新兴力量的崛起,人民的"喜农而乐战"。这些都是商鞅第一次变法所取得的成效。据《史记·商君列传》载,当此时,秦民对新法"大说(悦)",秦国境内"道不拾遗,山无盗贼,家给人足,民勇于公战,怯于私斗,乡邑大治"。

在改革的一片大好形势下,原来一些激烈反对新法的人也一反故态,改换言辞。他们甚至于再次聚集栎阳城,大唱变法的颂歌,对商鞅尽吹捧之能事。他们没有想到商鞅是一个铁面冷肠、"刻薄""少恩"的政治家,也许是商鞅忌恨旧怨,也许是商鞅出于民只可从令而不可议令的考虑,他称这些人都是"乱化之民"、捣乱分子,下令将他们全部"迁之于边城"。"其后,民莫敢议令"(《史记·商君列传》)。

第四章　第二次变法

第一节　迁都咸阳　奠基帝业

商鞅第一次变法行之十年以后，秦国的政治、经济、军事已呈现出一片兴旺发达的景象。在对外战争中，秦军屡次进攻魏国和韩国得手，士气高昂，兵威猛震。魏国遭桂陵惨败，正修补创伤，积蓄实力，准备与齐、楚等国在中原再度争雄，此时已无暇西顾。秦国虽然还没有完全收复河西地区，但严峻的军事威胁已经解除，战争的主动权已经在握。

在这种形势下，秦孝公和商鞅议定了深化改革、实施第二次变法的方案，以谋求秦国进一步的发展，准备日后挥师东进，不仅收复河西地区，而且兵伐"山东六国"①，成就统一天下的大业。

此时，秦都栎阳城的战略地位已经改变。秦献公在公元前383年把秦都由雍城迁至栎阳时，主要是出于巩固东部边防，阻挡魏国兵锋，待机收复河西地区的考虑。这里距洛水不远，濒临前线，它实际上带有战时的临时首都和前敌指挥所的性质，随着秦魏两国军事形势的改变，秦国的当务之急已经可以从主要巩固东部边防转移到从长计议日后更大

---

① "山东六国"指中条山以东的齐、楚、燕、韩、赵、魏。

的发展。栎阳东临边境,把它继续作为全国的政治中心是不适合的。而且,栎阳在渭水之北,偏离东去函谷关的大路,不利于以后出击"山东六国"。

另外,栎阳作为秦献公时建置的战时首都,其宫室必然从简,不可能大兴土木,建设得很豪华壮丽。与其他诸侯国营建较久的都城相比,它肯定逊色不少。在秦国的经济实力增长、财政收入增加、军事声威大震的情况下,它似乎已显得与秦国的国力和君威不相称。当然,可能还有秦孝公弃简从奢、商鞅好大喜功等个人因素。总之,他们决计从栎阳迁都,在咸阳(今陕西省咸阳市东)兴土木,"筑冀阙"①,营建新的宫廷。后来,商鞅把"大筑冀阙,营如鲁、卫"(修筑咸阳秦宫,其规模可与鲁、卫的宫廷相媲美)作为自己的政绩之一。而秦国隐士赵良则攻击商鞅"相秦不以百姓为事,而大筑冀阙,非所以为功也",这当然是指责营建秦宫奢侈浪费的一面。赵良还说,商鞅在出行时,有数十辆载满甲兵的车随从,有身强力壮的护卫作陪乘,还有许多持矛操戟的武士紧随车辆夹护而行,"此一物不具,君固不出"。(《史记·商君列传》)商鞅的出行是如此,其在咸阳修建的相(大良造)府也可想见是很威严、豪华的。

尽管"大筑冀阙"、迁都咸阳不无可议之处,但此举主要还是出于秦国内政和外部用兵的考虑。咸阳地处渭河平原中部,北依高原,南临渭水,东控函谷关口,西拥雍州之地,雄踞甘陇和巴蜀通往中原的要津,于内处在秦国的辐辏中枢位置,于外可以水陆并进,东出函谷,问鼎中原。这里正是后来柳宗元所谓"据天下之雄图,都六合之上游,摄制四海,运于掌握之内"(《封建论》)的帝都之所。

公元前350年,秦孝公迁都于咸阳。从此,"君臣固守,而窥周室,有席卷天下、包举宇内、囊括四海之意,并吞八荒之心"(《过秦论》)。在商鞅的策划下,秦孝公开始在秦国实行第二次变法。

---

① "冀阙"是古代宫廷前面左右相对的两座高台,台上建有楼阁,国君的法令在此公布。

第二节　第二次变法的主要内容

据《史记·商君列传》，第二次变法有四个方面主要内容。

（1）"令民父子兄弟同室内息者为禁"，即下令禁止父子兄弟同室而居。这是在第一次变法"民有二男以上不分异者倍其赋"的基础上，进一步用法律手段革除不利于小农经济发展的旧的家庭形式，在秦国普遍推行一夫一妻式的小家庭。

第一次变法是以征收双倍人口税的经济制裁手段迫使"民有二男以上"的家庭离异分居，这对于无力承受此项负担的穷困家庭自然起到了促进家庭分化的作用，但在传统观念的影响下，那些能够或勉强能够承受此项负担的多男丁大家庭却在这项制裁下依然以合法的形式存在。第二次变法采用了严令禁止的法律手段，宣布父子兄弟同室而居为非法，强制推行每个壮男必须分别立户，异室而居。

据汉代的贾谊说，在实行商鞅的新法后，"秦人家富子壮则出分，家贫子壮则出赘"（《汉书·贾谊传》），这反映了上述禁令所产生的社会效果。"家富子壮则出分"，说明当时秦国的家庭不论是否能够承受双倍的人口税，都普遍实行了父子兄弟分家另立。"家贫子壮则出赘"，说明这项禁令对穷困家庭中无力娶妻的男丁也采取了迫令单独立户的措施，以致这些人不得不改换门庭，入赘到女方家中当女婿。一夫一妻式小家庭在社会上的普遍确立，不仅有利于农业生产，增加了国家征收赋税和征派徭役、兵役的社会单位，而且改变了一部分社会成员的婚姻方式，促进了男女的婚姻结合，加速了人口的生产。

另据贾谊说，秦国家庭形式的变革瓦解了建立在血缘和大家庭财产共有基础上的传统伦理道德，长辈与少辈之间的尊卑关系被分立小家庭间的极端功利关系所取代:"父借耰钼,虑有德色;母取箕帚,立而谇语。抱哺其子,与公并倨。妇姑不相悦,则反唇而相稽。其慈子耆利,不同禽兽者亡几耳。"(父亲借了儿子的农具,儿子就显出施了恩德的样子;母亲拿了儿子的簸箕、笤帚,儿子就马上加以责骂。儿媳妇抱哺着孙子,就与公公平起平坐。妇姑之间不和,就吵闹争个高低。这些人护犊贪利,与禽兽差不了多少)贾谊站在儒家立场上,指责商鞅"遗礼义,弃仁恩",使"秦俗日败"(《汉书·贾谊传》),其中有些描述可能是夸张之词,但传统家庭伦理的衰落、小家庭私有财产观念的上升,应该说是符合当时秦国的实际情况的。从道德的尺度来衡量,秦国社会出现了倒退或畸形发展;而从功利的角度来立论,小家庭私有财产观念的上升又调动了农业生产的积极性,加速了秦统一大业的完成。道德与功利在这里采取了悖论的形式,但历史的辩证法终将化解这一悖论:忽视生产的积极性固然不足以推动社会的进步,但漠视道德并不能使社会达到长治久安。当秦兼并六国、"遂进取之业"时,它受"仁义不施"的惩罚也为时不远了。

据《史记·商君列传》所载商鞅与赵良的对话,商鞅认为他变革秦国的家庭形式含有符合儒家礼教的意义。他说:"始秦戎翟之教,父子无别,同室而居。今我更制其教,而为其男女之别。"秦国的西南和西北有许多少数部族,其中有一些被秦所兼并。在商鞅变法时,秦国还残留着一些戎狄风俗,当是事实;但这种残留占有多大的成分,史书上没有明确的记载。实行父子之别、男女之别,这当然符合儒家的一部分教义,但从商鞅的整个作为和思想看,这肯定不是他的目的,而是他欲达到其目的的一种手段。商鞅在向赵良做自我表白时,恐怕是夸张了"戎翟之教"在秦国占有的成分,并且掩盖了其"更制其教"的真实目的。赵良并没有就此两点反驳商鞅,而是指出商鞅的"更制其教"与儒家的道德教化有根本区别。他说:"教之化民也深于命,民之效上也捷于令。今君又左建外易,非所以为教也!"(道德教化对百姓的影响比法令更深切,百姓对上面的效仿也比法令更迅速。您现在又实行旁门左道的建制和变革,这可不是教化呀!)显然,赵良一方面指出商鞅采用的法制命令方式比不上儒家的道德教化，另一方面指出商鞅实行的建制和变革在内容上也与儒家的道德教化不同。的确，儒家的家庭伦理绝不仅仅是实行父子之别、男女之别，它除了强调父子、男女的尊卑关系外，还强调父慈子孝、夫和妇随等相互间的道德义务。商鞅用各个财产分立的小家庭间的功利关系取代以血缘相连的尊卑关系和相互道德义务，这与儒家的家庭伦理是不可同日而语的。在治民的"任法"与导民的"尚德"两个方面，商鞅与儒家更是截然对立的。

（2）"集小乡邑聚为县，置令、丞，凡三十一县"，即把全国的小乡、小邑和村落合并为县，设置县令和县丞，一共设了三十一个县。这是商鞅加强君主集权，在秦国普遍建立县制，完善地方行政官僚机构的一项重大措施。

"县"是春秋战国时期逐渐形成的一级行政组织。在春秋之前，西周实行"封藩建卫"的封建制。诸侯在其封国内有世袭的统治权。各封国之中又有各个封邑，卿大夫在其封邑内也有世袭的统治权。春秋时期，"周室既衰，礼乐征伐自诸侯出"，各诸侯国为了加强君主集权和巩固边防，开始在自己直接统治的边地领域设县，并把新兼并得来的小国改建为县。春秋末年，晋国又在边地设郡，面积较县为大。到了战国时期，三晋（韩、赵、魏）在郡下分设若干县，逐渐形成郡、县两级制的地方行政组织。郡、县与封国、封邑所不同者是其长官由国君直接任免，没有世袭权，也没有独立的行政权、军权和土地占有权。因此，郡县制是一种有利于君主集权的地方政权形式。

秦国在商鞅变法前，已有县的设置，如公元前456年在频阳（今陕西省富平县东北）设县，公元前398年在陕（今河南省三门峡市西）设县，公元前379年在蒲、蓝田设县，公元前374年又在当时的国都栎阳设县。这些县都处在秦国的东部边境地区，显然带有国防的性质。在秦孝公之前，县制远没有在秦国普及，大部分地区还是小乡、小邑和村落的分散管理形式。《商君书·垦令》篇中有"百县之治一形"，可见在秦国全境普及县制的方案在商鞅第一次变法时已经提出，而真正颁布法令、贯彻实行是在商鞅第二次变法时。

此次变法将小乡、小邑和村落合并，在全国设置三十一个县。① 每县设县令，为县级的最高行政长官，县令之下设县丞、县尉，前者掌管民政，后者负责军事。县令、县丞、县尉均由国君任免，不得世袭。在县级政权以下还有乡、亭、里等地方机构，直至"什伍"编户最基层组织。这样就形成了从中央到地方、到社会最基层的严密统治网，全国的政权、兵权、财权全都集中在国君手中，君主集权的政治体制在秦国正式确立。

县制的普及为秦国政治的稳定，人力物力的集中，在对外战争中不断取得胜利以致最后兼并六国，奠定了政权基础。商鞅以后，秦国的县制不断发展，特别是在新兼并的地区不断设郡。如公元前328年魏被迫献上郡② 十五县给秦，公元前312年又被迫将上郡全境给秦，秦于公元前304年设置上郡；公元前290年，魏被迫献河东郡给秦，秦于当年设河东郡；公元前316年，秦灭巴国，设巴郡；公元前312年，秦攻占楚之汉中，益之以原巴、蜀部分地区，设汉中郡。这种建置直到秦兼并六国，灭韩建颍川郡，灭魏建砀郡，灭楚建九江郡、长沙郡、会稽郡，灭燕建辽东郡，灭赵建邯郸郡、代郡，灭齐建齐郡、琅邪郡。在郡的不断建置中，郡县两级地方行政体制逐渐在全国普及。

秦始皇统一中国后，曾有郡县制与封建制之争。丞相王绾说："诸侯初破，燕、齐、楚等国地远，不设诸侯王不能镇守，请立诸皇子为王。"秦始皇将此建议交群臣讨论，"群臣皆以为便"。法家代表人物李斯坚决反对，说："周文王、武王封了很多同姓子弟，但是后代疏远，互相攻击如仇敌，各诸侯国互相杀伐，周天子不能禁止。现在天下已经统一，全国都建置了郡县，诸皇子和功臣可以用赋税重赏他们，很容易制服，天下没有二心，这是使国家安宁的办法。而建置诸侯则不便于治理。"秦始皇同意李斯的意见，说："天下之所以受战争不休之苦，就是因为有诸侯王。现在天下刚刚平定，如果再建诸侯国，就是制造战争，

---

① 《史记·秦本纪》作"四十一县"。
② 上郡及下述各郡的辖境，参见杨宽《战国史》，上海人民出版社1980年版，附录一《战国郡表》。

要想天下安宁，不是太难了吗！"于是，秦始皇乃正式"分天下以为三十六郡"（《史记·秦始皇本纪》）。《汉书·地理志》说："秦兼并四海，以为周制微弱，终为诸侯所丧，故不立尺土之封，分天下为郡县。"全国统一的中央集权的郡县制度由此得以在中国建立。

西汉初年，汉高祖刘邦曾错误地总结秦二世而亡的教训，认为秦始皇废分封，"子弟为匹夫"，招致"孤立之败"（《汉书·诸侯王表》）。他在对楚战争中封了一些功臣为异姓王，以后又封了一些皇室子弟为同姓王，从而形成郡县与封建并行的制度。异姓王受封不久就被刘邦逐个翦灭，刘邦曾刑白马立盟曰："非刘氏而王者……天下共诛之。"（《史记·汉兴以来诸侯王年表》）但同姓王同样威胁国家的统一，在平定吴楚七国之乱后，汉王朝大力推行"强干弱枝"政策，不断分割和削弱诸侯王的权力，至汉武帝时各封国的实权被剥夺殆尽，诸侯王在封地内唯得衣食租税，"贫者或乘牛车"（《汉书·高五王传赞》），中央集权与地方割据之争告以结束，郡县制最终战胜了封建制。

商鞅第二次变法在秦国普及县制，秦并天下将郡县制推行于全国，西汉初年经过与诸侯王割据势力的斗争，郡县制得以最终确立，以后这一制度在中国延续了两千多年（东汉时，监察刺史改为州牧，由此形成州、郡、县三级地方行政体制）。其奠基之功，商鞅是受之无愧的。

郡县制与封建制是两种不同的政治统治形式。一般来说，郡县制有利于君主集权和国家统一，因此对中国封建社会的政治稳定和经济发展有一定的促进作用。马克思就曾说过，在一定的历史条件下，"王权是进步的因素"[①]。但是，郡县制也有权力过于集中的弊端，而传统儒家思想自孔子始就有"复三代之治"之说，因而关于郡县与封建的争论在中国历史上此起彼伏。唐代的柳宗元作《封建论》，可以说是中古时期对这一争论的较为深刻的总结。他指出：三代实行封建制，"非圣人之意也，势也"。春秋战国时期，周王朝"徒建空名于公侯之上"，"判为十二，合为七国，威分于陪臣之邦，国殄于后封之秦"，"周之败端"就在

---

① 《马克思恩格斯全集》第21卷，人民出版社1965年版，第453页。

于诸侯封建有"末大不掉之咎"。秦统一天下后,"裂都会而为之郡邑",其二世而亡,"咎在人怨,非郡邑之制失也"。西汉初年,"有叛国而无叛郡,秦制之得亦以明矣"。唐代藩镇割据,"失不在于州而在于兵","州县之设,固不可革也"。柳宗元阐明了封建制被郡县制所取代的历史必然性,指出从"郡县"返回到"封建"是没有出路的。

然而,与郡县制相连的君主专制在宋元明时期发展到极端,宋亡于元、明亡于清的历史教训更深深地刺激了一批儒家学者的心灵,他们开始批判君主专制,并且反省郡县制之失,前者可以黄宗羲的《明夷待访录》为代表,后者可以顾炎武的《郡县论》九篇为代表。顾炎武一方面指出,"封建之废,非一日之故也,虽圣人起,亦将变而为郡县";另一方面指出,"方今郡县之敝已极,而无圣人出焉,尚一一仍其故事,此民生之所以日贫,中国之所以日弱而益趋于乱也"。封建之所以废,郡县之所以敝,原因在于:"封建之失,其专在下;郡县之失,其专在上。"为挽救"郡县之失",顾炎武提出"寓封建之意于郡县之中"(《亭林文集·郡县论一》)。这种折中方案当然是不能实现的。实际上,不管是诸侯专权,还是君主专制,其失都在于一个"专"字;而取代这一"专"字的,除民主制之外,别无他途。

如果说商鞅奠基郡县制的历史功绩至今不可泯,那么他对现代人的启示就是随着社会历史的发展而创建新的政治体制。如果说封建与郡县之争在现代仍有值得借鉴的意义,那么它遗留下的问题就是如何正确处理中央和地方的关系。

(3)"为田开阡陌封疆,而赋税平",即铲除田地间原有的疆界,废除井田制,确认土地的私人占有,国家按照私人占有田亩的数量征收地税,使赋税均平。这是商鞅在土地制度方面实行的重大变革。

秦国所处的渭水流域地区,在春秋以前是西周王朝的直接统治区,即所谓"王畿"。西周时普遍实行的土地制度是"井田制"。所谓"井田"即一方里土地划个"井"字,分成九块,每块一百亩(约合今31.2亩);每亩田之间的小道称为"阡陌"(南北为阡,东西为陌),每一百亩田之间较宽的田界称为"封疆"。关于"井田"的生产方式和社会性质，史学界有各种不同的解释。较为一般的说法是周天子把井田分封给各级贵族，各级贵族驱使"庶人"或称奴隶在井田内耕作；井田中的一块作为"公田"，"借民力以为之"，其收获归各级贵族所有，这就是《礼记·王制》篇所载的"古者公田籍而不税"。井田制的特点是土地所有权归周天子，"溥天之下，莫非王土；率土之滨，莫非王臣"（《诗经·小雅·北山》），而实际占有并从中获取剥削收入的是周天子、诸侯、卿、大夫等各级贵族。从事农业劳动的"庶人"每家分配私田一百亩，要按年龄"受田"和"归田"（《汉书·食货志》："二十受田，六十归田。"），并且"三年一换土易居"（《公羊传·宣公十五年》何休注），即按照田地的上中下等每三年重新分配一次私田。这种生产方式在西周末年已濒临崩溃，土地公有开始向土地私有过渡。春秋时期，井田内的"公田不治"，而井田外开垦的私田不断增多，各诸侯国为了增加赋税收入、增强经济实力，不得不先后承认土地私有，改按私人占有田亩的数量征税，比较典型的是公元前594年鲁宣公实行"初税亩"（《左传·宣公十五年》）。秦国与中原各诸侯国相比，经济发展比较缓慢，直到公元前408年才实行与"初税亩"性质相同的"初租禾"（《史记·六国年表》），比鲁国晚了186年。

公元前357年，秦献公实行"为户籍相伍"，是秦国社会关系发生变化的一个标志，一大批原来处于奴隶地位的"庶人"有了自己的土地，被编入户籍，取得了平民的身份。商鞅第一次变法，颁布"垦草令"，使占有土地的自耕农迅速增加；"訾粟而税"，"民有二男以上不分异者，倍其赋"，说明当时秦国实行了按田亩征税和按人口征税两种方式；"明尊卑爵秩等级，各以差次名田宅"，实际上是把一部分没有军功的旧贵族的土地赏赐给有军功者。这些都说明原来的井田制已经瓦解，建立在土地私有基础上的新的生产方式已经产生。然而，井田制的残余——旧的"阡陌封疆"还依然存在，新的生产方式的内容和旧的土地制度的形式还在发生冲突。商鞅第二次变法"开阡陌封疆"，就是彻底扫除井田制的残余，"决裂"、废除原有的土地疆界，重新计亩，确认土地的私人占有权。

许慎《说文解字》对"晦"（亩）字的解释是："六尺为步，步百为晦，秦田二百四十步为晦。"《太平御览》卷七十五引《一行算法》说："自秦孝公时，商鞅献三术。内一，开通阡陌，以五〔六〕尺为步，二百四十步为亩。"由此可知，商鞅第二次变法在拆除原有井田的"阡陌封疆"后，重新规定了亩制，扩大了每亩田的单位面积。

杜佑《通典·食货典序》说：商鞅"隳经界，立阡陌"。这当是指商鞅在拆除旧的田界后又按照新的亩制重新设置了田界。在破旧立新、统一亩制的基础上，按农户占有田亩的多少来征收地税，这就是"决阡陌封疆"以使"赋税平"。

《史记·范雎蔡泽列传》载秦昭王相蔡泽说：商鞅"决裂阡陌，以静生民之业，而一其俗，劝民耕农利土……"所谓"静生民之业"，就是明确地承认土地的私人占有，耕作者再也不用像井田制那样按年龄"受田"和"归田"，而且再也不用按田地的上中下等每三年"换土易居"了。农民与土地的稳定结合，适应了社会生产力发展的水平，调动了农民的生产积极性，秦国的粮食产量迅速增加，以至于后来张仪向楚怀王形容"秦地半天下……积粟如丘山"（《史记·张仪列传》）。

与土地私有相联系的是土地可以买卖。《汉书·食货志》引董仲舒说："秦……用商鞅之法，改帝王之制，除井田，民得卖买。"以前，"井田受之于公，毋得粥（鬻）卖"（《文献通考·田赋一》）。商鞅"开阡陌封疆"、承认土地私有后，土地始在法律上允许买卖。与土地买卖相联系的是土地兼并，这在以后中国的历代王朝中都是一个严重的社会问题。"富者田连阡陌，贫者亡立锥之地"（《汉书·食货志》），当土地兼并超过一定的限度，社会动乱就会发生。因此，在中国历史上，"均田"的呼声总是不绝于耳，而"恢复井田""复三代之治"又是一部分儒生试图解决土地兼并问题的一种"乌托邦"式的空想。商鞅"开阡陌封疆"是在战国时期实现"耕者有其田"（当然，当时仍有一部分农奴、佃农和雇农），而土地兼并、两极分化的矛盾又使"耕者有其田"成为中国近代社会改革的目标之一。

（4）"平斗桶权衡丈尺"，即统一度量衡。与县制、亩制和赋税的统一相伴随，向各级官吏发放俸禄和向农民收缴赋税所使用的度量衡也必须统一。

秦国地处西陲，在发展中兼并、融合了一些少数部族。商鞅第二次变法前，秦国的度量衡因地因俗而异，这必然给国家的财政统一管理造成很大的障碍。统一度量衡是第二次变法在家庭形式、政治制度和经济制度方面实现根本性社会变革的一个有机组成部分。

统一度量衡的方法是由国家制定统一的度量衡标准器，然后下发到各县，命令全国的度量衡都要依此标准仿造，不得有误。如果发现某地使用的度量衡与标准器的误差超过一定的限度，该地方主管度量衡的官吏就要受到法律惩处。

现传世的文物"商鞅方升"（铜质，上海博物馆收藏）是商鞅在秦国统一度量衡的可靠历史见证。"商鞅方升"的三边和底部都刻有铭文，左边刻秦孝公十八年（公元前344年）铭文："十八年，齐遣①大夫众来聘，冬十二月乙酉大良造鞅爰积十六尊（寸）五分尊壹为升。"与柄相对的一边刻"重泉"两字，字体和"十八年"铭文一致。这说明此方升是商鞅于秦孝公十八年制造，以当时的十六又五分之一立方寸为一升，是下发到重泉（今陕西省蒲城县东南）的标准器。据现代测定，此方升平均长12.354厘米，宽6.919厘米，深2.333厘米，由此计算出其容积为198.574立方厘米，当时秦国的一寸长2.305厘米。方升的底部刻有秦始皇二十六年（公元前221年）诏书："廿六年，皇帝尽并兼天下诸侯，黔首大安，立号为皇帝。乃诏丞相状、绾，法度量则不壹、歉疑者皆明壹之。"方升的右边刻"临"字，字体和二十六年诏书一致。这说明秦始皇统一中国后，立即把由商鞅完成的秦国统一度量衡制度推行于全国，此方升就是经秦始皇重新校验后加刻诏书，下发给"临"（今地不详）的标准器。

《战国策·秦策三》载蔡泽说："夫商君为孝公平权衡，正度量，调

---

① 杨宽《战国史》载此铭文为"齐率……"，据李学勤《秦孝公、惠文王时期铭文研究》，当作"齐遣……"，李文见《中国社会科学院研究生院学报》1992年第5期。

轻重……""轻重"是指物价的高低，低者为轻，高者为重。据此史料可知，商鞅第二次变法在统一度量衡的同时，还采取了统一货币、操纵调节物价的措施。

统一度量衡、统一货币、操纵调节物价，是秦国实行统一的官俸制度、军功制度和赋税制度的需要，它对于秦国君主集权制度的建立和发展，社会生产力的提高，经济和军事实力的增强，发挥了重要的积极作用。秦始皇统一中国后，把这些制度推行于全国，并且统一文字、统一车轨、统一历法等等，对于全国经济文化的交流和发展，以至"汉"民族的形成和发展，更具有重要的、深远的历史影响。

第三节　秦人富强　收复河西

商鞅第二次变法是在第一次变法取得成效的基础上进行更为深入、全面的社会改革。这次改革的成功，从长远说，是为秦统一中国后的政治制度和经济制度奠定了基础，而秦代的政治制度和经济制度经汉代的继承和发展，一直延续到中国两千多年封建社会的结束。从近处说，这次改革的成功是实现了秦孝公在"求贤令"中提出的"强秦""复缪公之故地"的目标。

第二次变法的贯彻执行仍然受到了保守派和旧贵族的顽强反抗。史载：在实行第二次变法的四年之后，太子的师傅公子虔又一次触犯法令。商鞅仍像以前那样，刚正严明，断然对公子虔施以割去鼻子的劓刑（《史记·商君列传》）。

新法施行五年之后，成效大见，"秦人富强"（《史记·商君列传》）。此时，与秦毗邻的魏国对秦的迅速崛起深感不安。公元前344年，魏惠王为了争得霸主地位，在其都城大梁附近召集逢泽（今河南省开封市南）之会①，宋、卫、邹、鲁、陈、蔡等十二个小诸侯国的国君参加会盟，并一同前往洛阳朝见了徒具虚名的周天子。此次会盟的目的之一是魏国企图以霸主地位威慑强秦，用外交手段解除秦对魏国西部地区的战争威胁，以便集中兵力在中原一带与齐、楚再决雌雄。秦孝公没有亲自参加这次会盟。而派公子少官代为前往。这种不软不硬、不卑不亢的态度使魏惠王大为恼怒。于是，魏挟十二诸侯会盟之威，图谋西伐秦国。当时，魏国的整体实力仍很强盛，如果魏惠王将重兵从东线转移到西线，倾全国之力向秦发起进攻，那么秦是非常危险的。因此，秦孝公闻讯后"恐之，寝不安席，食不甘味"，立即命令秦军严加守备，在各要塞和县城的城墙上遍布弓弩等战具，并且组成敢死队，严阵以待魏军。战争一触即发，形势非常危急。商鞅审时度势，运筹帷幄，决定采取缓争霸、晚称王的策略，计间魏与齐、楚之间的关系，使鹬蚌相争，秦收渔翁之利。他于"尊俎之间"向秦孝公献策："魏国新与十二诸侯会盟而朝见周天子，其功大而从者必众。如果以一秦而敌大魏，恐不能取胜。臣请出使魏国，计间魏与齐、楚，则魏军必败。"秦孝公闻言大喜，立即遣商鞅出使魏国。

商鞅身负重要外交使命，快马加鞭，前往魏都大梁。魏惠王好大喜功，志高才疏，当他见到今日秦国的大良造正是当年公叔痤门下的御庶子时，心中不免有一种魏尊秦卑之感。商鞅知道魏惠王早有称王之心，便投其所好，用高功虚名诱使魏惠王中计。他说："大王召集诸侯会盟，朝见天子，令行于天下，功劳太大了！但是，参加会盟的十二诸侯，除了宋、卫，就是邹、鲁、陈、蔡等等，这些都是大王可以用鞭子驱赶的小国，依靠它们不足以王天下。大王不如北联燕国而东伐齐，则赵不敢不顺从；西联秦国而南伐楚，则韩不敢不顺从。大王有伐齐、楚之心，号令天下之志，则王业已可以预见。大王不如先行打出王的旗号，秦、燕、韩、赵听命于大王的麾下，然后再图兵伐齐、楚。"往往过高

---

① 关于逢泽之会的盟主和年代，《史记·秦本纪》和《周本纪》说是以秦为盟主，《战国策·秦策四》和《齐策五》说是以魏为盟主；《秦本纪》说是在秦孝公二十年（公元前342年），《周本纪》说是在周显王二十五年（公元前344年）。今酌采公元前344年以魏为盟主说。

估计自己的力量而轻视别国的魏惠王，被这一席话说得陶陶然，美哉，乐哉。

魏国的战略重点本来是首先在中原一带与齐、楚争雄，魏惠王准备进攻秦国也是为了安定西部边境，扫除后顾之忧，然后集中兵力与齐、楚决战，雪洗桂陵兵败之辱。秦魏两国的战端未开，秦遣大良造前来求和，这似乎已经说明秦国畏惧魏国，西部边境的威胁已经解除。如果魏国打出王的旗号，震慑秦、韩、燕、赵，巩固与宋、卫、邹、鲁等十二小国的同盟，那么似乎有利于与齐、楚决战。于是，魏惠王听信商鞅之言，"广公宫，制丹衣"，树王旗帜，践天子之位。这样，秦魏之战得以推迟，而魏国与其他大国的战争则已势不可免。①

商鞅此次出使成功，不仅直关秦与魏和魏与齐、楚等国的战局，而且实际上开了战国"连横"运动的先河；魏惠王以后采纳惠施"变服折节而朝齐"（《战国策·魏策二》），"以魏合于齐、楚以按兵"（《战国策·魏策一》）的建议，则是战国"合纵"运动的发端。商鞅、惠施虽非朝秦暮楚以博一身名利的纵横家，但"连横""合纵"实始于此二人的外交努力。

秦孝公十九年（前343），周天子"致伯"，给秦孝公送来了祭肉。（《史记·秦本纪》）这说明周天子已把诸侯霸主的旗帜授予了秦孝公。此举与商鞅第二次变法大见成效、"秦人富强"有重要关系，同时也与魏惠王在前一年擅自称王、激怒周室密切相关。翌年，各诸侯国纷纷仿效周天子，派遣使者入秦祝贺。（《史记·秦本纪》）此时，魏国与韩、齐的中原大战已经开始，而秦国由于改革的成功和外交的胜利，彻底改变了往日"诸侯卑秦，丑莫大焉"的国际地位，重现了秦穆公时期"天子致伯，诸侯毕贺"的辉煌。

公元前341年，齐国军师孙膑采用"减灶诱敌"之计，诱使魏军精锐追赶到马陵（今山东省范县西南），进入齐国伏兵的包围圈。"齐军万弩俱发，魏军大乱相失"，魏将庞涓自杀，"齐因乘胜尽破其军，虏魏太

---

① 商鞅游说魏惠王，事见《战国策·齐策五》。

子申以归"。(《史记·孙子列传》)

其明年，商鞅对秦孝公说："秦之与魏，如同人之有腹心之疾，不是魏兼并秦，就是秦兼并魏。为什么呢？因为魏国居山势险要的中条山以西，与秦以黄河为界，独占山东各国与秦经济往来之利；形势有利时可以向西侵秦，形势不利时也可以向东发展。现在由于您的贤智圣明，国家得以强盛。去年魏军大败于齐，国力衰弱，曾经与其会盟的各诸侯国也已叛离。此时正是伐魏的好时机。魏国敌不过秦国，必然向东迁徙。这样，秦夺取黄河以至中条山的险要之地，就可以东向控制各个诸侯，此乃帝王之业也。"秦孝公认为商鞅所言正确，于是以商鞅为将，东伐魏国。(《史记·商君列传》)

魏惠王新遭马陵惨败，听说西部边境狼烟四起，急令宗室子弟公子卬率军迎敌。商鞅在魏国作公叔痤的御庶子时，曾与公子卬友善，并且得到过他的帮助。现在秦魏两军对阵，昔日之友已成今日相对之敌。商鞅急于以功报国，一时想出诈友的兵权之谋。他遣使给公子卬送信，说："我以前与公子交好，公子助我非浅。我之所以能够游宦秦国而图富贵，与公子以前的帮助分不开。现在秦国令鞅为将，魏国令公子迎战，朋友之间岂忍相互攻伐？请公子告诉魏王，我也言之秦君，两国罢兵相盟，以安秦、魏。"公子卬信以为真，回书向商鞅表示同意。当魏军准备后撤时，商鞅又遣使送信说："归别以后不知何时才能相见，我愿与公子面晤，乐饮而话别。"公子卬答曰："可以。"魏军副将急忙劝阻，而公子卬珍重友情，执意前往秦营会见商鞅。两友相见，互致问候，对坐入饮。酒兴正酣之时，商鞅一声令下，暗伏的甲兵冲入帐内，袭俘公子卬。公子卬大骂商鞅背信弃义、卖友求荣。商鞅急令甲士将公子卬押下，然后率领秦军大举进攻，全歼魏军，凯旋。(《史记·商君列传》，又见《吕氏春秋·无义》)

此次战役使商鞅达到了其一生事业和权位的高峰，同时也为商鞅以后身无退路而遭车裂之死种下了恶果。商鞅死后，受千古骂名，就连一些同情者也对其诈虏公子卬予以指责。汉代的刘向曾对商鞅的功过做了较公正的评价,他指出:"秦孝公……东并河西,北收上郡①,国富兵强……为战国霸君。秦遂以强,六世而并诸侯。"这些都是"商君之谋也"。"夫商君极身无二虑,尽公不顾私,使民内急耕织之业以富国,外重战伐之赏以劝戎士。法令必行,内不阿权宠,外不偏疏远,是以令行而禁止,法出而奸息。"这些是秦之所以能兼并六国的原因。他接着指出:秦孝公之霸与春秋时期的齐桓公、晋文公相比,其缺点是"无信,诸侯畏而不亲"。他特别批评商鞅"倍(背)公子卬之旧恩,弃交魏之明信,诈取三军之众,故诸侯畏其强而不亲信也"。他假设:如果秦孝公遇见齐桓公、晋文公这样的强而有信的国君,"得诸侯之统,将合诸侯之君,驱天下之兵以伐秦,秦则亡矣"。因此,刘向说:"天下无桓、文之君,故秦得以兼诸侯。"(《史记·商君列传》《集解》引《新序》)如此说来,商鞅变法图强,是秦之所以兼并六国的必然性;而秦没有遇见更强且有信义的国君,是秦之所以兼并六国的偶然性。

不管后人如何评说,商鞅背弃公子卬之旧情,诈取魏国三军之众,其直接的结果是在根本上改变了秦与魏以及与其他诸侯国的战略态势。魏国在东线和西线连遭惨败,"国内空,日以削,恐,乃使使割河西之地献于秦以和"。魏惠王想到当年公叔痤推荐商鞅为相,而自己未能任用,也没有采纳公叔痤"不听用鞅,必杀之"的忠言,后悔莫及,说:"寡人恨不用公叔痤之言也!"(《史记·商君列传》)

秦国收复了河西之地,黄河天险就被秦掌握,东进的路途已经敞开,秦孝公在"求贤令"中提出的"强秦""复缪公之故地"的目标完全得以实现。当商鞅凯旋时,秦孝公实践其"有能出奇计强秦者,吾且尊官,与之分土"的诺言,将于(今河南省西峡县东)、商(今陕西省商县东南商洛镇)十五邑赐封给商鞅,"号为商君"。(《史记·商君列传》)史学界有"于、商"是指一地和两地不同的说法,杨宽在《战国史》认为西峡县与商洛镇相距二百五十里以上,当时商鞅不可能有如此广大的封邑,因而断言"于、商"两地说不准确。然而,《盐铁论·非

---

① 按:"北收上郡"是秦惠文王时事。

鞅》篇载:"孝公大悦,封之于商、安之地方五百里,功如丘山,名传后世。"可知汉初之人记商鞅封邑为"方五百里",今以相距二百五十里以上不能断言"于、商"是指一地。另外,战国时期的封君主要是在封地内"食租税",并掌握一部分用人权和少量护卫兵力,与西周时期的封国有很大不同。[1]

---

[1] 参见杨宽《战国史》上海人民出版社1980年版,第193、243—249页。

第五章　商鞅虽死　秦法未败

第一节　赵良的警告

商鞅自公元前361年入秦，先后实行两次变法，由左庶长升任大良造，又于公元前340年受封为"商君"。在这二十年中，商鞅不仅为秦奠定了帝王之基，而且使其个人登上了富贵功名的顶峰。正当商鞅心满意得之时，一个恶兆袭来——孝公身染重病，"疾且不起"。

秦孝公知道太子与商鞅夙有仇隙，而且其他宗室贵戚也对商鞅深怀积怨；如果自己故去，太子继位，君臣发生内讧，则秦国的帝业有可能被断送。想到此，秦孝公打算传位于商鞅，以完成自己的未竟之志。商鞅受秦孝公知遇之恩，在秦孝公临终时，岂敢越君臣之大防？而且，夺太子位，名不正则言不顺，言不顺则事岂能成？因而，"辞不受"（《战国策·秦策一》）。

秦孝公患病的消息渐渐在宫廷内外传播，种种"倒鞅"的阴谋正在暗中进行。一些郁郁不得志的士人预感到秦国政局的变化，在此时也活跃起来。有一天，一个叫赵良的隐士经人介绍而来到商鞅的家中。商鞅一见赵良，就提出愿与他交个朋友。而赵良却旁敲侧击，暗中讽喻："我不敢存这样的希望。孔丘说过：'推荐了贤能，受民拥戴的人才肯进取；不贤的人聚在一起，讲王道的人就会隐退。'我是个不贤的人，所以不敢从命。我还听人说：'占有跟自己不相称的地位，就叫作贪位；得到跟自己不相称的名声，就叫作贪名。'我如果接受了您的厚意，恐怕就是贪位、贪名了。所以我不敢遵命。"

商鞅知道赵良在讽喻自己，便问："您对我治理秦国不满意吗？"赵良说："能反躬自问叫作聪，能反省自己叫作明，能战胜自我叫作强。虞舜说过这样一句话：'知自己不足者为高尚。'您不如照着虞舜的道理去办，无须问我了。"

商鞅听赵良前言孔丘，再言虞舜，知道他是儒门学士；想到儒家强调父子之别、男女之防、君位之尊，便说："秦国本来有戎狄风俗，父子兄弟同室而居。现在我改革了这种风俗，使其父子分居，男女有别。我又为秦君大筑宫室，其规模堪与鲁、卫宫廷相媲美。您看我治理秦国，与五羖大夫百里奚相比，哪个更强？"

赵良说："一千张羊皮比不上一狐之腋，一千个唯唯诺诺的人比不上一个正色直言之士。周武王因为有正色直言之士，所以昌盛起来；殷纣王因为使众人不敢说话，所以灭亡了。您如果不认为周武王不对，那么就让我终日向您讲真话，您不要觉得逆耳就杀我的头，可以吗？"

商鞅说："有言道：'应酬之言是浮华的，至诚之言是实在的。良言苦口是治病之药，蜜语甜言是害人之疾。'您如果肯终日向我讲真话，那就是送给我治病之药。我将以您为老师，您又何必推辞呢？"

赵良见商鞅态度诚恳，便把心中积蓄已久的对商鞅的不满一股脑地道出。他说："既然如此，我就把您和五羖大夫做个比较吧。五羖大夫原是楚国的乡鄙之人，他知道秦穆公是个贤君，便想来求见，可又没有旅费，于是把自己卖给秦国人，穿着粗布短衣给人放牛。过了一年，穆公知道了，把他从牛口之下提拔起来，位于百姓之上，秦国人对他没有不满意的。他做秦相六七年，东伐郑国，三次立晋国之君，一次救楚国之难。教化施行于国内，而巴人①前来进贡；德政施之于诸侯，而八方

---

① 巴，古国名，地在当今四川省东部。

的戎狄都来归服。晋国有个叫由余的贤人，逃亡到戎，受五羖大夫的感召，就叩门来投奔。五羖大夫身居相位，虽劳累也不坐着乘车①，虽暑天也不用帷幔遮阳；在国内出行，不带随从的车辆，也不持护卫的武器。他的功名载入史册，德行泽于后世。五羖大夫死时，秦国人不论男女都哀悼流泪，小孩子也肃静不再唱歌，连舂米的人也不再吆喝出声。这就是五羖大夫的德呀！可是您呢？初见秦君时，走嬖人景监的门路，这就谈不上名望了；做了秦相，不为百姓着想，反而大兴土木建宫殿，这就谈不上功业了。您施刑于太子的师傅，以严刑峻法残伤百姓，这是积怨蓄祸。您不懂得，道德教化对百姓的影响比法令更深切，百姓对上面的效仿也比法令更迅速。您现在又实行旁门左道的建制和变革，这可不是教化呀！您受封为商君，居然南面称孤道寡，天天用法令来约束秦国的贵公子。《诗》云：'相鼠有体，人而无礼；人而无礼，何不遄死！'（《诗经·鄘风·相鼠》）（相鼠还能打躬作揖，人却无礼；人而无礼，何不速死！）从这句诗看来，您的行为可不能使您延年益寿了。太子的师傅公子虔自受劓刑以后，已闭门不出有八年了。您还对公子贾用黥刑，并且杀死其他大臣。《诗》云：'得人者兴，失人者崩。'②以上种种事，都不得人心。所以您出行的时候，有数十辆载满甲兵的车随从，有身强力壮的护卫作陪乘，还有许多持矛操戟的武士紧随车辆夹护而行。这些东西有一件不备，您就不敢出门。《书》曰：'恃德者昌，恃力者亡。'③您现在的危险就像早晨的露水一样，难道还想延年益寿吗？我为您着想，归还封给您的十五邑封地，找个偏僻的地方去灌园种地；劝秦君起用隐居山林的贤士，敬养老人，优抚孤儿，敬重父兄，叙用有功之人，尊敬有德之士。这样，您可能稍得安全。您如果还要贪恋商、于之富，专揽秦国的政教，继续积怨于百姓，那么秦君一旦谢绝宾客而不在其

---

① 古代习俗一般都是站立乘车，只有受人尊敬的耆老的车才设座位。
② 此句为佚诗。
③ 此句为佚《周书》之语。赵良两引《诗》一引《书》，以增加说服力。由此可推知，《韩非子·和氏》篇所谓"燔《诗》《书》而明法令"并非商鞅本人所为。

位①，秦国要收捕您的人难道还少吗？您的灭亡是可以跷足而待的啊！"（《史记·商君列传》）

"山雨欲来风满楼"。在秦国的政局将发生变化之际，赵良站在在野儒生的立场上，对商鞅提出了严重警告。他一方面劝说商鞅及早隐退；另一方面要利用商鞅既有的权势，在其隐退之前，影响秦国的政局，改弦更张，"显岩穴之士"，兴儒门之教。商鞅如果听从赵良的劝告，那就是否定自己一生的事业，并且捐弃由此挣得的富贵功名。因此，"商君弗从"。（《史记·商君列传》）

第二节 商鞅车裂而死

公元前338年，在赵良警告商鞅五个月以后，统治秦国二十四年的一代英主秦孝公去世。随后，太子驷继位，是为秦惠文王。②"一朝天子一朝臣"，当时秦国的君主虽还称不上"天子"，但君位的更迭同样将引起秦国朝臣的重大变动。何况，秦惠文王在做太子时险些被商鞅正法。新君与旧臣的宿仇很快就演变成秦国政坛的危机，失败者当然是臣而不是君。

秦惠文王继位不久，商鞅就自请隐退，告归其商、于封地。然而，商鞅的杀身之祸已势不可免。以公子虔为首的一批商鞅政敌策划阴谋，向秦惠文王说："大臣权力太重就会危及于国，左右侍人太亲就会危及于身。现在连秦国的妇孺都知道商君之法，而不说国君之法。这是商鞅成了一国之主，而您却反为朝臣。而且，商鞅本来是您的仇人，愿您及

---

① 此句指秦孝公去世。
② 公元前325年，秦惠文君继魏、齐"会徐州相王"之后称王。

早除掉他。"(《战国策·秦策一》)接着,公子虔等人诬告"商君欲反",秦惠文王乃"发吏捕商君"(《史记·商君列传》)。

商鞅携其母及家人仓皇出逃,行至秦国边境的关口之下,想找个旅店投宿。走进一家旅店,店主人迎上前接客,见来者神情有些紧张,急忙索要官方批准外出的证件。商鞅无证件可示。店主人说:"商君之法规定,如果容留没有证件的客人,店主要和客人连坐论罪。"商鞅不得已走出旅店,喟然叹曰:"嗟乎!为法之敝,一至此哉!"(《史记·商君列传》)

商鞅一行辗转逃至魏国境内,投见魏国的大臣襄疵。襄疵拒不收留,说:"因为你对公子卬背信弃义,所以我无法相信你。"(《吕氏春秋·无义》)商鞅见魏国没有容身之地,便想再投奔他国。可是又有魏臣说:"商君是秦之罪犯。秦国的兵力强盛,他们的罪犯逃到魏国,如不给送回去,恐怕对魏不利。"于是,商鞅一行又被送回秦国。

商鞅复入秦境,急奔其封地商邑,和他的门徒发动邑中兵士,"北出击郑"。秦惠文王"发兵攻商君",在郑国的渑池(今河南省渑池县)将商鞅擒获。商鞅被押解到彤(今陕西省华县西南),秦惠文王早已等候在那里。昔日秦国的大良造,今日成为秦君的阶下囚。秦惠文王声色俱厉,下令将商鞅车裂示众,并且警告臣下:"以后再不要有像商鞅这样的造反者!"随后,秦惠文王又斩草除根,"灭商君之家"①。

一个为秦开创帝业的改革家,最后竟遭"车裂族夷"的下场。其功其过,其得其失,其伟大其渺小,其无辜惨死其作法自毙……这些都留给了后人去评说。而后人在评说商鞅时,他们自己的价值观念和政治意图也就渗透其中了。

在商鞅死近一百年之后(公元前255年),秦昭王相范雎对蔡泽说:"夫公孙鞅事孝公,极身毋二,尽公不还私,信赏罚以致治,竭智能,示情素,蒙怨咎,欺旧交,虏魏公子卬,卒为秦禽将破敌军,攘地千里。"蔡泽又对范雎说:"夫商君为孝公平权衡,正度量,调轻重,决裂

---

① 《史记·商君列传》说"秦发兵攻商君,杀之于郑渑池",《史记·六国年表》记"商君反,死彤地"。今采朱师辙"获商君于渑池,而车裂于彤地"说。见《商君书解诂定本》,古籍出版社1956年版,第112页。

阡陌，教民耕战，是以兵动而地广，兵休而国富，故秦无敌于天下，立威诸侯；功以成，遂以车裂。"(《战国策·秦策三》)这两段话历数商鞅的卓越政绩，前者还特别突出了商鞅"极身毋二，尽公不还私"的优秀品质，就连"欺旧交，虏魏公子卬"也给予了充分肯定。这种评价显然代表了商鞅死后秦国政坛仍然坚持的以"富国强兵"为目标的价值尺度，朋友之间的道德评价是不在考虑之内的。蔡泽说商鞅"功以成，遂以车裂"，这是说商鞅之死的原因在于秦惠文王过河拆桥，"兔死狗烹"。这种解释当然有一定的道理，但蔡泽的意图却是要以此说服范雎，及早功成身退，把相印转让给他自己。

商鞅之后的秦国政治家无疑从"兔死狗烹"的角度吸取了商鞅之死的教训，以至于在外交和军事活动中常常假公济私，博取或维护个人的富贵荣华。韩非子曾因此批评商鞅的学说"无术以知奸"，自商鞅死后，"战胜则大臣尊，益地则私封立……商君虽十饰其法，人臣反取其资，故乘强秦之资，数十年而不至于帝王者，法不〔虽〕勤饰于官，主无术于上之患也"(《韩非子·定法》)。由于商鞅遭"兔死狗烹"的下场，"尽公不还私"虽然成为秦国政治家口头上的高调，但张仪、魏冉、范雎之徒实际上却假公以谋私，这是强秦"数十年而不至于帝王"的原因之一。韩非子由此看到了在商鞅"任法"学说的基础上吸收申不害关于君主"用术"理论的必要，以防止大臣"蔽君之明，塞君之听，夺之政而专其令"。(《群书治要》卷三十六引《申子·大体》)

韩非子在谈到商鞅之死的原因时说："秦行商君法而富强……车裂商君者何也？大臣苦法而细民恶治也。"(《韩非子·和氏》)韩非子认为，"君主用术则大臣不得擅断，近习不敢卖重；官行法则浮萌（民）趋于耕农，而游士危于战阵"。因此，"法术者乃群臣士民之所祸也。"(《韩非子·和氏》)因为商鞅之法对"大臣""细民"不利，所以他们诬告商鞅，致使其车裂而死。这当然符合公子虔等人"告商君欲反"这一历史事实，但韩非子掩饰了商鞅之死的更重要原因是他曾"法及太子"，与新的君主有夙仇。韩非子之所以强调"大臣苦法而细民恶治"的一面，其意图是要说服君主"倍（悖）大臣之议，越民萌之诽"，信任和起用"法术之士"。(《韩非子·和氏》)然而,商鞅正是秦孝公"倍大臣之议,越民萌之诽"而得到信任和起用的,但在君主权力更迭时却惨遭杀身之祸。如果真要吸取教训的话,那么"法术之士"也就只能对皇亲国戚仰而敬之、退避三分了。

《吕氏春秋·无义》篇在讲到商鞅之死时,较详细地叙述了商鞅诈虏公子卬,以致后来逃亡至魏而不被收留的情节,然后说"故士自行不可不审也"。这里突出了个人交往之间道德评价的尺度,用"多行无义必自毙"来警戒世人。儒家的"五伦"中有"朋友有信"一条,《吕氏春秋》把诈友作为商鞅之死的原因,显然吸收了儒家的价值标准。近现代人对儒家的"三纲五常"多进行抨击,但也有不少学人指出"五常"中的"朋友有信"一条仍具有普遍的道德意义。从这个角度评判,诈虏公子卬不能不说是商鞅身上的一个污点。但近人也有以"兵家的诡道"为商鞅"欺魏将"开脱者。① 的确,兵法有云"兵不厌诈",从纯粹兵家的角度评判,商鞅"欺魏将"固不为过;但他所欺之魏将正是以前的好朋友,军事家在战争中是否应遵守"朋友有信"这一道德条目,这一点可能至今仍是一个有争议的问题。另外,商鞅主要是一个政治家,如果政治家丧失信誉,不仅可能招致个人的失败,而且可能促成敌方的联合,使自己一方处于孤立地位。这一点在前引刘向批评商鞅"倍(背)公子卬之旧恩,弃交魏之明信,诈取三军之众"时已经讲过了。顺便说一下,刘向除批评商鞅"无信"外,还特别指责商鞅刑罚的酷烈,认为这是使商鞅"所逃莫之隐,所归莫之容,身死车裂,灭族无姓"的一个主要原因。他由此评断商鞅"去霸王之佐亦远矣",如果商鞅"施宽平之法,加之以恩,申之以信,庶几霸者之佐哉"。(《史记·商君列传》《集解》引《新序》)

把商鞅之死完全归罪于商鞅作法自毙、罪有应得的,莫如汉昭帝时与桑弘羊辩论的贤良文学最为典型。文学曰:"秦怨商鞅之法,甚于私仇。故孝公卒之日,举国而攻之,东西南北莫可奔走……卒车裂族夷,为天下笑。斯人自杀,非人杀之也。"(《盐铁论·非鞅》)这种极端贬毁商鞅

---

① 陈启天:《商鞅评传》,商务印书馆1945年版,第77页。

的观点自然是出于儒生仇视法家的偏见，但这种观点在儒家思想占统治地位的中国封建社会历史中一直占有上风，商鞅因此而受千古之骂名。

直到清朝中期，陈澧作《东塾读书记》，对《商君书》中可取与不可取的部分做了分别摘录，这比以前全盘否定商鞅是一个进步。但他在说到商鞅诽毁孝悌、仁义，使"亲亲尊尊之恩绝"时，不禁义愤填膺，认为商鞅"车裂不足蔽其辜"。（《东塾读书记》卷十二）这当然也是站在儒家的立场上，把违背"亲亲尊尊"作为十恶不赦之罪。

近代，对商鞅的评价始大有转机。章炳麟在所作《訄书·商鞅》篇中，除批评商鞅"毁孝弟败天性"，"鞅之进身与处交游，诚多可议者"之外，其余都对商鞅做了很高的评价。他为"商鞅之中于谗诽也二千年"打抱不平。[1]梁启超曾主编《中国六大政治家》，其中第二编《商君评传》的作者麦孟华也对商鞅做了很高的评价，说商鞅"固法学之钜子，而政治家之雄也"；"独其关于德义之教，诚不可谓非商君之缺点"；而商鞅之死则是由于"权贵之怒睨其旁，新主之积怨其后"，"宁以身殉国，不肯屈法以求容"。[2]对商鞅功过以及商鞅之死的不同评说，反映了中国历史的变迁。如果商鞅地下有灵，听到两千多年后近人的评说，大概可以瞑目了。

第三节　秦法未败

韩非子说："及孝公、商君死，惠王即位，秦法未败也。"（《韩非子·定法》）这段话客观地概括了商鞅死后秦国历史的发展。

---

[1]　《章太炎全集》（三），上海人民出版社1984年版，第79页。
[2]　麦孟华：《商君评传》，世界书局1935年版，第21页。

商鞅"法及太子，黥劓其傅"，原因在于太子和公子虔、公子贾等人公开站在改革反对派的前面，触犯法律，阻碍新法的施行。在孝公死、太子继位时，秦国经过第一次和第二次变法，在政治、经济、家庭形式、社会风俗等领域已经实现了深入、全面的社会改革，并且取得了巨大的社会成效："道不拾遗，山无盗贼，家给人足，民勇于公战，怯于私斗，乡邑大治"；"秦人富强"，"天子致伯"，"诸侯毕贺"，"复缪公之故地"，"东向以制诸侯"。改革的成果历历在目，新法普及于社会、深入于民心，历史的潮流已经不可逆转。此时，秦惠文王和公子虔等人将商鞅"车裂族夷"，已经不是出于政治上的歧见，而是成为私愤的发泄、当权者的野蛮报复。

商鞅死后，秦惠文王、武王、昭王、孝文王、庄襄王、秦王嬴政六世君主继续以"富国强兵"为宗旨，招纳贤能，奖励耕战，推行郡县制，完善各项法律，终至公元前221年兼并诸侯，完成了统一中国的大业。

在招纳贤能方面，秦国相继任用了张仪、公孙衍、司马错、白起、范雎、蔡泽、李斯、尉缭、王翦、蒙恬、蒙毅等文臣武将，形成了由"客卿"升任丞相、将军的制度（秦王嬴政虽曾下过"逐客令"，但经李斯上书谏议而得以制止），确立了秦国布衣将相的格局，从而排斥了贵族势力，强化了君主集权，为秦国政治、经济的发展和外交、军事的胜利奠定了组织基础。

在奖励耕战方面，秦国除继续实行商鞅在世时的一系列措施外，还以"利其田宅而复之三世"（给予好的田地、房屋并免除三代租役）的优惠政策招徕三晋之民到秦国开荒种地，并且先后修建都江堰和郑国渠，使成都平原和关中平原得灌溉之利，成为旱涝保收的粮食丰产区。在商鞅建立的编户"什伍"制度的基础上，秦国实行普遍征兵制，组成一百余万的常备军，凡十五岁以上的男子均是国家的后备兵源，使秦国成为"虎狼之国"；张仪、白起、范雎、蔡泽等人先后以军功受封为君、侯，蒙骛、王翦、蒙恬、王贲、李信等人亦以军功成为统兵数十万的将军。

在推行郡县制方面，自秦惠文王于公元前304年设置上郡以后，秦国不断把新兼并的地区纳入郡县体制，直至秦始皇兼并六国，设置三十六郡，在全国形成由中央到郡、县的三级政治体制。

在完善各项法律方面，据《晋书·刑法志》和《唐律疏议·序》记载，商鞅曾以李悝的《法经》为基础，改"法"为"律"，制定了《盗律》《贼律》《囚律》《捕律》《杂律》《具律》六种《秦律》。以后，秦国不断制定新的法律，充实、完善《秦律》的内容。在1976年湖北省云梦县睡虎地秦墓出土的《秦律》竹简中，有《秦律》十八种，包括《田律》《厩苑律》《金布律》《关市律》《仓律》《工律》《徭律》《军爵律》《置吏律》等十八种计一百二十五条；另见于《秦律杂抄》中的还有《游士律》《除吏律》《除弟子律》《戍律》《捕盗律》等十四种，合上计有三十余种律目，这仅仅是当今见于记载的部分。在云梦出土的《秦律》竹简中还有《法律问答》《治狱案例》《治狱程式》《地方政府文告》等法律文件。这些充分表现了秦国自商鞅变法以来"以法为教""以吏为师"的治国思想。

从商鞅车裂而死，至秦始皇统一中国，其间经过了一百一十七年。在商鞅死后五年，苏秦在游说楚威王合纵时就说："夫秦，虎狼之国也，有吞天下之心。秦，天下之仇雠也。"（《战国策·楚策一》）公元前318年，魏、赵、韩、楚、燕"五国伐秦"，这说明秦在当时已经成为山东六国只有联合起来才能与之抗衡的头号强国。公元前310年，张仪在游说楚怀王连横时说："秦地半天下，兵敌四国……虎贲之士百余万，车千乘，骑万匹，粟如丘山，法令既明，士卒安难乐死……天下后服者先亡。且夫为从（纵）者，无以异于驱群羊而攻猛虎也。夫虎之与羊，不格明矣。"（《战国策·楚策一》）他在同年游说韩襄王时也说："秦带甲百余万，车千乘，骑万匹……山东之卒，被甲冒胄以会战，秦人捐甲徒裼以趋敌，左挈人头，右挟生虏。夫秦卒之与山东之卒也，犹孟贲之与怯夫也；以重力相压，犹乌获之与婴儿也。夫战孟贲、乌获之士，以攻不服之弱国，无以异于坠千钧之重，集于鸟卵之上，必无幸矣。"（《战国策·韩策一》）。这里虽有后人附赘的言词（孟贲、乌获皆秦武王时勇士），但秦国的经济和军事实力与山东六国相比已占有强大优势，当是事实。后来荀子也曾说："齐之技击不可以遇魏氏之武卒，魏氏之武卒不可以遇秦之锐士……"（《荀子·议兵》）这些都说明商鞅变法确实起到了"富国强兵"的成效，为秦统一中国奠定了基础。如果说一百一十七年的时间不是很快的话，那么则如韩非子的批评，张仪、甘茂、魏冉、范雎等人假公济私，延缓了秦统一中国的进程，"乘强秦之资，数十年而不至于帝王者，法不〔虽〕勤饰于官，主无术于上之患也"。（《韩非子·定法》）

在秦惠文王在位的二十七年间，秦先后取得上郡、巴蜀、汉中等地。秦武王在位四年，因举鼎受伤而死。秦昭王于公元前306年继位后，魏冉专权，他曾经"越韩、魏而东伐齐，五年而秦不益一尺之地，乃成其陶邑之封"（《韩非子·定法》）。公元前266年，范雎提出"远交而近攻"的策略，魏冉被黜，范雎、蔡泽相继为相。在秦昭王在位的五十六年间，白起屡立战功，公元前294年大胜韩、魏联军于伊阙（今河南省洛阳市东南龙门），斩首二十四万；公元前278年攻陷楚别都鄢（今湖北省宜城县东南），次年攻陷楚都郢（今湖北省江陵县西北）；公元前273年大胜赵、魏联军于华阳（今河南省郑州市南），斩首十五万；公元前260年大胜赵军于长平（今山西省高平县西北），坑降卒四十万。公元前256年，秦灭西周，周赧王去世，从此苟延数百年的"周天子"名号不复存在。秦昭王在位期间，秦先后攻取并建置了河东、陇西、南郡、黔中、南阳、北地等郡。

秦孝文王继位一年后死，子庄襄王立。庄襄王在位三年，先后攻韩、魏、赵，建置三川、上党、太原等郡。公元前246年，秦王嬴政继位，四年后攻魏，建置东郡。公元前237年，秦王嬴政罢相国吕不韦，亲临朝政。三年后，攻赵建置雁门郡和云中郡。公元前230年至公元前221年间，秦先后灭韩、赵、燕、魏、楚、齐，终于完成了统一中国的大业，"海内为郡县，法令由一统"，秦王嬴政号称"始皇帝"。（《史记·秦始皇本纪》）

秦始皇的重要谋臣李斯在《谏逐客疏》中说："孝公用商鞅之法，移风易俗，民以殷盛，国以富强，百姓乐用，诸侯亲服，获楚、魏之师,举地千里,至今治强。"(《史记·李斯列传》)汉代的桑弘羊说:"秦任商鞅,国以富强,其后卒并六国,而成帝业。"(《盐铁论·非鞅》)王充说:"商鞅相孝公,为秦开帝业。"(《论衡·书解》)虽然商鞅被车裂而死,但秦"六世而并诸侯"的帝业是奠基在商鞅变法之上的。

第六章　商鞅与《商君书》

第一节　《商君书》的历史流传

商鞅死后，除其政绩和思想对秦国有广泛、深远的影响外，还有其著作《商君书》流传。秦以后，商鞅虽受千古骂名，但《商君书》一直流传至今。

《韩非子·五蠹》篇载："今境内之民皆言治，藏商、管之法者家有之……"这说明商鞅的书在战国末期已经广泛流传于社会。《韩非子·内储说上》引"公孙鞅曰：'行刑，重其轻者，轻者不至，重者不来，是谓以刑去刑。'"这段话见于《商君书·靳令》篇，唯"行刑"在《靳令》篇作"行罚"。另外，在《商君书·说民》篇也有"行刑，重其轻者，轻者不生，则重者无从至矣"；在《商君书·去强》篇也有"以刑去刑"。这说明韩非子所谓"公孙鞅曰"指的就是现传《商君书》中的话，韩非子认为它的作者是商鞅。

西汉初年，《淮南子·泰族训》中提到"今商鞅之《启塞》、申子之《三符》、韩非之《孤愤》……"所谓《启塞》就是现传《商君书》中的《开塞》篇。司马迁在《史记·商君列传》中说："余尝读商君《开塞》《耕战》书，与其人行事相类。"其中《耕战》当是指现传《商君书》中的《农战》篇。另外,《史记·商君列传》叙述变法前夕商鞅与甘龙、杜挚辩论一节,与现传《商君书》首篇《更法》所讲的大致相同,这说明司马迁读过《更法》篇,在写《商君列传》时引述了其中的情节。

东汉班固根据刘向《别录》、刘歆《七略》所作的《汉书·艺文志》,在法家类著作中录有"《商君》二十九篇",班固自注:"名鞅,姬姓,卫后也,相秦孝公,有《列传》。"这"《商君》二十九篇"是西汉末年经刘向校订的本子,以后流传的《商君书》就是这二十九篇。另外,《汉书·艺文志》在"兵书略·兵权谋"中录有"《公孙鞅》二十七篇",在农家类著作中录有"《神农》二十篇"(颜师古注引刘向《别录》说:"疑李悝及商君所说"),可惜这两部书早就亡佚了。

两汉时期商鞅的书称《商君》,这是符合古代往往以作者名字为书名的习惯的(如《孟子》《庄子》《孙子》等皆是)。三国时期,诸葛亮在《为先帝与后帝遗诏》中说:"可读《汉书》《礼记》,闲暇历观诸子及《六韬》《商君书》,益人意智。"(《三国志》卷三十二裴注引《诸葛亮集》)这说明现传《商君书》的书名在三国时已经有了,而且此书受到了诸葛亮、刘备等人的重视。

《隋书·经籍志》和新旧《唐书》的《艺文志》均著录"《商君书》五卷",与现传《商君书》的卷数相同。这说明《商君书》在汉代以后又有人加以编次,始分出卷数来,至今仍沿用。

《新唐书·艺文志》在"《商君书》五卷"下又说:"或作《商子》"。自唐代以后,《商君书》与《商子》二名互用。清代编《四库全书总目提要》称"《商子》五卷"。稍后,严万里(可均)校正《商君书》,"复其旧称"。自严万里至今,称《商君书》者为多。

宋代郑樵编《通志·艺文略》说:"《商君书》五卷,秦相卫鞅撰,汉有二十九篇,今亡三篇。"晁公武《郡斋读书志》也说:"《商子》五卷……本二十九篇,今亡者三篇。"但宋代末年陈振孙《直斋书录解题》又说:"《商子》五卷……汉志二十九篇,今二十八篇,已亡其一。"大概郑樵、晁公武与陈振孙所见的传本不同,郑、晁所见亡佚了三篇,而陈振孙所见亡佚了一篇。

清代严万里在《商君书总目》的案语中说:"余得元镌本,始《更法》,止《定分》,为篇二十六,中间亡篇二:第十六、第二十一,实二十四篇……因以知宋无镌本,或有之而流传不广,故元时已有所亡失也。"这就是说,《商君书》在元代又比郑樵和晁公武所见的传本多亡佚了两篇。严万里校本第十六篇有篇目《刑约》而无文,第二十一篇文与篇目俱失。近人朱师辙《商君书解诂》据明代绵眇阁本补第二十一篇篇目为《御盗》。现传的《商君书》就是严万里所见的二十四篇,另有两篇有目无文。除此之外,唐代魏徵编《群书治要》卷三十六引有《商君书·六法》篇一段,此为《商君书》在宋代亡失的佚文。

《商君书》自汉代刘向校订后,经过长期的历史流传,其文字多有脱误。清代严万里收集的元、明刻本"多舛误,不可读"。清代的考据学发达,经过严万里、孙星衍、俞樾、孙诒让等人的校勘,《商君书》始成为一部大致可读的书,其中严万里的校本成就较高,流传较广。近现代王时润著《商君书斠诠》、朱师辙著《商君书解诂》、高亨著《商君书新笺》和《商君书注译》,不仅又解决了许多文字上的疑难,而且另加文义上的注解(民国以前《商君书》无注解),高亨还作了现代汉语的翻译,从而使得《商君书》成为一部今人可以充分利用的文化典籍。

第二节 《商君书》的作者

《商君书》的作者是商鞅,这在唐代以前没有什么疑问。但宋代以后,《商君书》的真伪成为一个有争议的问题。

最先提出《商君书》真伪问题的,可能要推宋代的黄震。他在《黄氏日钞》卷五十五中说:"《商子》者,公孙商鞅之书也。始于《垦草》,督民耕战。其文烦碎不可以句……或疑鞅为法吏之有才者,其书不应烦乱若此，真伪殆未可知。"由此可见，《商君书》的篇次和篇名在宋代与严万里所见元镌本有所不同。元镌本"始《更法》，止《定分》"，现代的传本都是如此；而黄震所见宋代传本"始于《垦草》"，《垦草》当即现传本的第二篇《垦令》。《更法》记述了变法前夕商鞅与甘龙、杜挚的辩论，最后一句是"遂出'垦草令'"。从时间顺序上说，《更法》的内容当然在前，元镌本以至现传本把《更法》作为《商君书》的首篇是有道理的。但《更法》并非商鞅自撰，而是其后学根据当时辩论的情况补记。《垦令》是商鞅献给秦孝公制定"垦草令"的方案，而不是"垦草令"本身，其原名当即黄震所见传本的《垦草》。《垦令》是商鞅自撰，所以《商君书》"始于《垦草》"可能符合原来实际的篇次。

黄震对《商君书》的真伪提出疑问，原因是"其文烦碎不可以句"，这条根据是很不充足的。因为先秦古籍本来难读，再加上历时久远，脱误过多，所以"其文烦碎"亦属当然。

真正提出《商君书》为伪书的是宋元之际马端临《文献通考·经籍考》所引《周氏涉笔》。其文说："《商君书》亦多附会后事，拟取他辞，非本所论著也。其精确切要处，《史记·列传》包括已尽。今所存大抵泛滥淫词，无足观者……"《周氏涉笔》所举证据有三条：

其一，《垦令》篇有"商无得籴，农无得粜。农无粜，则窳惰之农勉；商无籴，则多岁不加乐。"《周氏涉笔》说："夫积而不粜，不耕者诚困矣，力田者何利哉？……不知当时何以为余粟也。"近人校正《商君书》指出："籴、粜二字当互易。"籴是买粮，粜是卖粮。农民不得买粮，就必须努力耕田；商人不得卖粮。就无法从中谋利。商鞅考虑的是国家如何征收更多的粮食，而不考虑农民如何卖掉余粮赚钱，更要杜绝商人从中谋利；农民向国家多交了粮食，就可以免除徭役，还有可能用较多的余粮捐官做。经过近人校正，这段话文从义顺，因此它不能作为《商君书》是伪书的证据。

其二，《垦令》篇另有"贵酒肉之价，重其租，令十倍其朴，则商酤少而农不酣"。《周氏涉笔》说：如果这样，则"酒肉之用废矣"。实际上，商鞅的目的就是要使卖酒肉的商人减少，大臣不荒淫醉饱而拖延政务，农民也不因嗜酒而耽误农作。把此作为《商君书》是伪书的证据，更属妄断。

其三，《周氏涉笔》说："秦方兴时，朝廷官爵岂有以货财取者？而卖权者以求货，下官者以冀迁，岂孝公前事耶？"这是针对《农战》篇所谓"下卖权，非忠臣也，而为之者，以末货也……"而言，认为秦孝公以前不当有上官卖权、下官行贿的事，但此类事在秦孝公以前不能断然没有，而且近人考证《农战》篇是商鞅后学所作，此类事在商鞅死后当为数不少。这一条更不足为《商君书》是伪书的证据。

《四库全书总目提要》引述并同意了《周氏涉笔》关于《商君书》"非本所论著"的观点，同时又指出"周氏特据文臆断，未能确证其非"。《总目提要》提出新的证据："孝公卒后，鞅即逃死不暇，安得著书？如为平日所著，则必在孝公之世，又安得开卷第一篇即称孝公之谥？"由此认为此书"殆法家者流，掇鞅余论以成编"。古代君主的谥名都是死后由后继之君与礼官议定，但《商君书·更法》开篇即言"孝公平画"，这确实是《更法》为后人补记的证据。然而，《商君书》仅《更法》《定分》两篇有"孝公"字样，《总目提要》据此认为全书都不是商鞅自撰，则属以偏概全。

近人胡适在《中国哲学史大纲》中又提出《商君书》是后人"假造的书"的新证据：其一，《徕民》篇有"自魏襄以来……"魏襄王死在公元前296年，此时商鞅已死四十二年了；其二，《徕民》篇提到"长平之胜"，此事在公元前260年，商鞅已死七十八年了；其三，"书中又屡称秦王，秦称王在商君死后十余年"。这三条证据都可证明《徕民》篇是后人所作，但以此推定《商君书》全书为"假书"，也是以偏概全。胡适从这个错误的推论更得出商鞅只是一个"实行的政治家，没有法理学的书"，"不是法理学家，故不该称为'法家'"①，这样就错上加错了。

刘咸炘在《子疏》卷八提出对《商君书》的新看法："今观其书，大氐《更法》《定分》本后人所记；《垦令》《境内》或本鞅条上之文；

---

① 胡适：《中国哲学史大纲》，商务印书馆1919年版，第363页。

《去强》以下诸篇文势有异，而语或复冗，必有徒裔所增衍。然其称臣者，抑或当时敷奏之词，而后人记之，不得全谓鞅作，亦不得谓全无鞅作也。"陈启天认为，"刘氏的看法实比较一切旧说为精细，而且近真"①。这种对《商君书》各篇分别观之，有的是商鞅自撰，有的是商鞅后学所作的观点，被现代多数学者所接受。

最近，郑良树在以上观点的基础上，撰成《商鞅及其学派》一书，提出《商君书》是"商鞅及其学派的集体著作"，对《商君书》各篇思想内容的继承、同异、发展做了较详细而有新意的分析，从而建立起"立体式"的"商（鞅）学派"概念。②这是《商君书》研究中的一个新突破。

笔者基本同意上书的观点，唯需要补充的是，《商君书》中后学所作各篇，其思想内容凡与史书所记和商鞅自撰各篇的思想内容无歧义者，当有相当一部分是后学采撷商鞅遗说，因此亦属于商鞅本人的思想，我们在评述商鞅本人思想时不应仅以商鞅自撰各篇的史料为限；凡其中有歧异者，则属于后学对商鞅本人思想的发展或商鞅学派内部的分歧。《商君书》全书的思想内容可称为以商鞅为核心的商鞅学派的思想。

第三节 《商君书》各篇的写作时间

既然《商君书》的作者成为一个问题，那么《商君书》的写作时间也就成为一个问题；如果说《商君书》中有的是商鞅自撰，有的是商鞅后学所作，那么对《商君书》各篇的写作时间也就更有具体分析的

---

① 陈启天：《商鞅评传》，第96页。
② 郑良树：《商鞅及其学派》，第2—3页。

必要。

在认为《商君书》全非商鞅自撰的观点中,又有《商君书》成于汉代以前和怀疑是"汉人伪撰"两种观点。前者以《四库全书简明目录》的说法为代表。其文云:"今案开卷称孝公之谥,则谓不出鞅手良信。然其辞峻厉而深刻,虽非鞅作,亦必其徒述说之,非秦以后人所为也。"后者以黄云眉《古今伪书考补证》的说法为代表。俞樾《诸子平议》据《商君书·定分》篇中有"明年、月、日、时"句,提出十二时之分在六国时已有之;继而怀疑十二时之分始于六国太早,复以"平旦鸡鸣之属"解之。黄云眉据此再加上《徕民》篇述及"长平之役",提出"安知非伪托于历法既密、《史记》既行之后乎"的疑问。

陈启天认为,如果《定分》篇的"时"解为"平旦鸡鸣之属","则无问题可说";如果解为十二时之时,而据此怀疑《商君书》是"汉人伪托",则未免有"执偏概全的错误"。陈氏认为《定分》篇"大约是战国末年的作品"①。郑良树另做其他考证,认为《定分》篇写作于秦始皇统一天下后的"七年之内"②。

陈启天、高亨、郑良树等都对《商君书》各篇的写作时间做过分析,但观点互有不同。以下参照各说,略做疏解,断以己意。

陈启天认为商鞅自撰的篇目有《垦令》《境内》两篇,疑为自撰的篇目有《说民》《开塞》《战法》《立本》《兵守》《修权》《赏刑》《君臣》《禁使》《慎法》十篇,其余为后人所作。

高亨认为商鞅自撰的篇目有《垦令》《靳令》两篇,疑为自撰的篇目有《外内》《开塞》《农战》三篇,后学所作的篇目有《更法》《错法》《徕民》《弱民》《定分》五篇,其余未做明确论断。

郑良树认为商鞅自撰的篇目有《垦令》《境内》两篇,疑为自撰的篇目有《战法》《立本》《兵守》三篇,其余为后学所作。

郑良树与陈启天所同者是以《垦令》《境内》为商鞅自撰,以《战

---

① 陈启天:《商鞅评传》,第108页。
② 郑良树:《商鞅及其学派》,第136页。

法》《立本》《兵守》疑为自撰。高亨提出《境内》篇的一段话与《韩非子·定法》篇引"商君之法"一段话大意相同，而语句不一样，因此不能确证此篇是商鞅所作。① 但是，高亨也没有明确提出此篇不是商鞅所作的否证。刘咸炘最先提出"《垦令》《境内》或本鞅条上之文"，亦即是商鞅晋献给秦孝公的法令草案。陈启天、郑良树基本上肯定了此说，高亨同意《垦令》是商鞅所作，只是对《境内》有疑问，但又没有提出明确的否证。笔者认为，我们可采纳《垦令》《境内》是商鞅自撰之说。

陈启天和郑良树都把《战法》《立本》《兵守》三篇军事学方面的论文列在疑为商鞅自撰之类，高亨对这三篇没有论断。笔者认为，我们可采纳陈、郑关于这三篇的观点。

高亨认为《靳令》篇是商鞅自撰，陈启天认为此篇是西汉人假托。差距所以如此之大，是因为《靳令》篇许多文句与《韩非子·饬令》篇相同或相似，陈启天认为是《靳令》袭取《韩非子》，而朱师辙、罗根泽、陈奇猷、梁启雄和高亨等认为是《韩非子·饬令》篇袭取了《靳令》。笔者认为，后说可从。陈奇猷和高亨据《韩非子·内储说上》引述了《靳令》篇的话，得出此篇是商鞅所作的结论。郑良树也持《靳令》早于《韩非子·饬令》之说，但他另据《商君书》各篇所举不同的"国害"，认为《靳令》篇晚于《去强》篇和《说民》篇。兹把郑氏整理的《商君书》各篇所举不同的"国害"②介绍于下：

第一阶段：
《垦令》："五民"，即褊急之民、很刚之民、怠惰之民、资费之民、巧谀恶心之民。

第二阶段：
《农战》："十者"，即《诗》、《书》、礼、乐、善、修、仁、廉、

---

① 高亨：《商君书注译》，第11页。
② 郑良树：《商鞅及其学派》，第99、97页。

辩、慧。

第三阶段：

《去强》："八者"，即《诗》《书》、礼、乐、善、修、孝、弟。"十者"，即《诗》《书》、礼、乐、善、修、廉、辩、孝、弟。

《说民》："八者"，即礼、乐、仁、辩、慧、慈、任、举。

第四阶段：

《靳令》："十二者"，即礼、乐、《诗》《书》、修善、孝弟、诚信、贞廉、仁、义、非兵、羞战。

从《商君书》各篇所举"国害"的演进看，商鞅学派越来越对儒家以及墨家、名家等等持敌视的态度。郑良树认为，商鞅在世时，儒法两家尚未进入"正面冲突的阶段"①。此说当从。笔者在叙述赵良对商鞅的警告时曾在注中指出，赵良三引《诗》《书》以增加说服力，由此可知商鞅在世时无"燔《诗》《书》"之事，此亦可证《农战》《靳令》等篇把《诗》、《书》、礼、乐等举为"国害"，不是商鞅本人所作。

高亨认为《外内》《农战》《开塞》三篇"可能是商鞅所作"。罗根泽曾据《韩非子·南面》篇有"故虽拂于民心，〔必〕立其治，说在商君之内外，而铁殳重盾而豫戒也"，论定"商君之内外"是指《商君书》的《外内》篇。但陈奇猷认为"商君之内外"不是指篇名，而是商君之出入的意思，"铁殳重盾而豫戒"即《史记·商君列传》载赵良所说，商鞅出行必有持矛操戟的武士随从。高亨认为"两家所说各有理由"，"因而只能说《外内篇》可能是商鞅所作"。②

陈启天以《外内》篇中有"边利"的提法为据，认为此篇可能是"西汉法家者流如晁错等的作品"③。郑良树经过分析《韩非子·南面》篇

---

① 郑良树：《商鞅及其学派》，第99、97页。
② 高亨：《商君书注译》，第11页。
③ 陈启天：《商君评传》，第107页。

的文意，认为陈奇猷对"商君之内外"的解释正确，《外内》篇与《韩非子·南面》篇无关。他同时指出，陈启天认为《外内》篇作于西汉时的看法证据不足。他的看法是此篇作于先秦，年代在《徕民》篇之后，证据是此篇提出"边利尽归于兵，市利尽归于农"，"似此职务分配，利益平分的判然划开，应该是很晚的事情"。① 然而，商鞅的核心思想是"农战"，对兵农及其利益的划分应该是很自然的事情，无须待到很晚，因此笔者认为郑良树对此篇的看法也证据不足。此篇与《韩非子·南面》篇无关，但由此并不能证明此篇非商鞅所作。《外内》篇在"边利尽归于兵，市利尽归于农"的后面说："边利归于兵者强，市利归于农者富。故出战而强，入休而富者，王也。"这段话与《战国策·秦策三》载蔡泽所说："商君……教民耕战，是以兵动而地广，兵休而国富"文意很相近，很可能当时蔡泽已读过《外内》篇。尽管类似的话在《商君书》另外几篇也有，但另外几篇晚出的证据较明显，而此篇无晚出的明确证据。因此，笔者认为还应把此篇视为"可能是商鞅所作"。

《农战》篇所举"国害"有《诗》、《书》、礼、乐等，当为商鞅后学所作，前文已述。

关于《开塞》篇，陈启天和高亨都将其列在"疑为自撰"之类。郑良树发前人所未发，揭出商鞅本人主张"厚赏重刑"，《商君书》的《垦令》《农战》《修权》《外内》等篇也持"厚赏重刑论"，但《开塞》篇提出"刑多而赏少""刑九而赏一"，即主张"重刑轻赏"或赏只"施于告奸"，这与商鞅本人的思想不合。《商君书》中，持"重刑轻赏"论的还有《去强》《说民》《壹言》《靳令》等篇；更有甚者，《画策》篇持"重刑不赏"论。持"厚赏重刑"论各篇，虽不一定是商鞅自撰；但持"重刑轻赏"论和"重刑不赏"论各篇，当肯定其作者不是商鞅本人。"厚赏重刑"与"重刑轻赏"及"重刑不赏"是商鞅学派内部的分歧。② 笔者认为，郑氏此说很有说服力。

---

① 郑良树:《商鞅及其学派》，第120页。
② 郑良树:《商鞅及其学派》第35—40页，第105—107页。

被陈启天列在"疑为自撰"而高亨没有做出明确论断的还有《修权》《赏刑》《君臣》《禁使》《慎法》。关于《修权》，郑良树列出七条文中使用"权"字的句子，认为此文的"权"都当解作"权衡"，"拥有一个很明确的定义"，"时代不可能太早"，不是商鞅自撰。①笔者认为，此证据不足，而且高亨便把郑氏所列第一、二、三、七条的"权"字解为"权柄"。②《修权》篇说："权者，君之所独制也……权制断于君则威……"这正是商鞅典型的君主集权思想，如将此"权"字解为"权衡"而不解为"权柄"，则有些曲说害义了。另外，《修权》篇中有"论贤举能而传焉"，即实行禅让，在秦国历史上可能只有商鞅才能够提出这一点。因此，笔者认为应采纳陈启天之说，《修权》可能是商鞅自撰。

关于《赏刑》，郑良树指出此文的三个政治主张"实际上都套用了一个公式"，即"壹（赏、刑、教）→不（赏、刑、教）→无（赏、刑、教）"，这是商鞅本人思想中所没有的。③另外，此文所举"国害"有礼、乐等等。因此，笔者同意郑氏看法，此文为商鞅后学所作。

关于《君臣》《慎法》以及前文未提到的《算地》，因文中有对《诗》、《书》、仁义等等的批评，也当是商鞅后学所作。

关于《禁使》，高亨指出此篇主要论述的"数"与"势"即申不害、慎到的"术"与"势"。④笔者认为，法、术、势结合的思想当不是商鞅本人的思想所能及，而且此篇大讲君主对官吏的监察，而韩非子却曾批评商鞅的学说"无术以知奸"，因此这一篇不是商鞅手著。

余下的《更法》《弱民》《错法》《徕民》《定分》五篇，各家观点比较一致，它们不是商鞅本人所作。《更法》篇有秦孝公谥名，是商鞅后学补记。此篇的不少文句与《战国策·赵策二》中的《武灵王平昼闲居章》极为相近，有些学者认为是《更法》篇抄袭了《战国策》，郑良

---

① 郑良树：《商鞅及其学派》第35—40页，第105—107页。
② 高亨：《商君书注译》，第110—111页、第114页。
③ 郑良树：《商鞅及其学派》第109页。
④ 高亨：《商君书注译》，第173页。

树列出四点理由，证明是《战国策》抄袭了《更法》①。笔者认为，郑说当从。

《弱民》《错法》有"乌获举千钧之重"，乌获是秦武王时力士；《徕民》有"长平之胜"，秦破赵军于长平在公元前260年；《定分》有"丞相置于法官"，秦初置丞相在公元前309年。因此，这几篇都不是商鞅所作。

综上所述，笔者认为商鞅自撰的篇目有《垦令》《境内》两篇，疑自撰的篇目有《战法》《立本》《兵守》《外内》《修权》五篇，其余十七篇为商鞅后学所作。

在商鞅后学所作各篇中，凡认为其有出于汉人所作的观点，证据都不充分。郑良树认为，《更法》篇记录商鞅与甘龙、杜挚的辩论"翔实可靠，刻画生动感人"，其作者或曾参与"御前辩难"，或曾亲闻商鞅叙述其事，写作时间"极可能很早"，是"商鞅在世"阶段完成。②然而，商鞅在世即秦孝公在世（二人死于同年），篇中不应有秦孝公谥名，所以此篇当补记于商鞅去世以后，是商鞅后学所作各篇中较早的一篇。另外，郑氏认为《算地》《农战》约写于秦惠文王元年至秦惠文王更元七年（公元前337年—前318年）间；《去强》《徕民》《弱民》《说民》约写于秦惠文王更元八年至秦庄襄王三年（公元前317年—前247年）间；《靳令》《壹言》《开塞》《错法》《赏刑》《画策》《慎法》约写于秦王政元年至秦王政二十六年（公元前246年—前221年）；《君臣》《禁使》《定分》约写于秦始皇统一中国至秦覆灭期间。③此种划分大致可从。

要之，《商君书》是商鞅本人及其后学所作，是以商鞅本人的思想为核心，传衍于从秦孝公至秦灭亡期间的商鞅学派的著作。

---

① 郑良树：《商鞅及其学派》，第14—19页。
② 郑良树：《商鞅及其学派》，第139—140页，第143—156页。
③ 郑良树：《商鞅及其学派》，第139—140页，第143—156页。

第七章 商鞅学派的哲学思想

第一节 不言鬼神和天道

商鞅首先是一个大政治家,他在秦孝公的支持下,自公元前361年入秦,至公元前338年车裂而死,领导了秦国长达二十三年的变法运动,取得了国富兵强的效果,开创了秦统一中国的帝业,也为中国两千多年封建社会的政治制度和经济制度奠定了基础。商鞅之所以能取得如此巨大的政治成就,是和其哲学思想分不开的。他的哲学思想经过其后学的继承和发展,在《商君书》中有较为充分的体现。

《商君书》作为先秦众多文化典籍中的一部"子书",其最大的哲学特色是全书直言政治、经济、军事问题,以及社会风俗、文化政策等问题,在哲学方面则涉及历史观、人性论、辩证法等领域,全书除少数几篇谈到人类社会所处的自然环境以及用自然界的事物设喻之外,一概不言及鬼神和天道。这与儒家的"以神道设教"和中国古代"究天人之际"的哲学传统是判然有别的。

中国古代的世界观经历了从宗教神学观到素朴哲学观的变化。商、周时期占统治地位的思想是有人格的"上帝"或"天神"观念。当西周统治者取代殷商的统治地位时,他们说:"有夏服天命","有殷受天命"，惟夏、殷"不敬厥德，乃早坠厥命"；"今王嗣受天命……其德之用，祈天永命"。(《尚书·召诰》)他们给"天"加上了"惟德是辅"(《左传·僖公五年》引佚《周书》)的道德属性，"天"实际上是"监下民，典厥义……正厥德"(《尚书·高宗肜日》)的人格神。当时的人们"小心翼翼，昭事上帝"(《诗经·大雅·大明》)，"夙夜畏天之威"(《诗经·周颂·我将》)，社会上盛行的便是这种崇拜天神的宗教世界观。

西周末期，各种社会矛盾日趋激化，国人暴动，外族入侵，再加上严重的自然灾害，整个社会处于动荡不安之中。社会政治、经济的危机引起思想文化的危机，一股怨天、疑天的思潮蓬勃兴起："何辜于天，我罪伊何"(《诗经·小雅·小弁》)，"疾威上帝，其命多辟"(《诗经·大雅·荡》)，"民今方殆，视天梦梦"(《诗经·小雅·正月》)。随之，人世间的灾祸并非出于"上帝"，人须对自己的行为负责的思想也发生："下民之孽，匪降自天。噂沓背憎，职竟由人。"(《诗经·小雅·十月之交》)

公元前780年，西周的王畿地区发生了一次大地震，太史伯阳父在解释地震发生的原因时说："夫天地之气，不失其序；若过其序，民乱之也。阳伏而不能出，阴迫而不能蒸，于是有地震。今三川实震，是阳失其所而镇〔于〕阴也。"(《国语·周语上》)他不是把地震的原因归于天神的震怒和对人世间的警惩，而是归于"天地之气"（阴阳）失去了正常的秩序。这是用物质世界自身的原因来解释自然现象，它标志着一种不同于宗教神学的素朴哲学观念的产生。

春秋时期，这种素朴哲学观念迅速传播和发展。公元前644年，有五块陨石落在宋国，宋襄公问这是什么征兆，将会有什么吉凶。周内史叔兴敷衍作答后，又背着宋襄公说：这话问得不对，此为"阴阳之事，非吉凶所生也，吉凶由人"(《左传·僖公十六年》)。这说明在用"气"（阴阳）解释自然现象后，"明于天人之分"的思想也随之萌发；既然自然界的变化不是"上帝"造成的，那么人世间的吉凶也就和自然界的变化没有直接的联系，吉凶须由人自己来负责。

公元前524年，鲁大夫梓慎在观察天象后，预言宋、卫、陈、郑将有火灾。郑国的执政子产不信,说"天道远,人道迩,非所及也,何以知之?"(《左传·昭公十八年》)在子产的思想中,"天道"与"人道"有了明确的区别,假言"天道"而预测人事的迷信活动受到了批判。

然而,思想的发展是错综复杂的,尽管在春秋时期已经萌发了"明于天人之分"的思想,但人们在论证自己的社会主张时,因难以从人类社会找到强有力的根据,所以往往把自己的社会主张说成是包括自然界和人类社会在内的世界的普遍规律。这种倾向在子产的思想中就有,他在论证"礼"的必要性和必然性时便说:"夫礼,天之经也,地之义也,民之行也。"(《左传·昭公二十五年》)

以后,中国古代哲学之所以成为"天人之学",一方面是因为哲学家须探讨自然界和人类社会的普遍规律,也要探讨人类社会与自然界的相互联系和区别;另一方面是因为哲学家往往从自然界引出人类社会的"理"(特别是儒家大多从自然界或"天"引出伦理道德),把对自然界的解释作为其社会主张的理论根据,从而"天人合一"也就成为中国古代哲学的主导潮流。在"天人合一"的理论背景下,当一些哲学家的社会主张在社会的上层或下层遇到施行的阻碍时,他们又往往把自然界的灾变解释成对君主或民众的警戒。这样一来,自然界的灾变便被赋予了意志,旧有的天神观念在新的哲学形式下得到复活。而当宗教情绪达到一定的程度,对生产和科学技术的发展甚至世俗的社会生活造成严重困难时,又会有一批哲学家重新树立起"明于天人之分"的旗帜,抑制宗教情绪的发展。正如"天"与"人"是对立统一的一样,"天人合一"与"明于天人之分"在中国古代也是对立统一的。

儒家的创始人孔子在把道德的根源从外在的"天神"和"礼"移到人的内心之仁时,对天道、鬼神持一种犹疑、两可的态度。《论语》记载:"夫子之言性与天道,不可得而闻也。"(《论语·公冶长》)"子不语怪力乱神。"(《论语·述而》)当有人问到"事鬼神"时,孔子说:"未能事人,焉能事鬼?(《论语·先进》)"但孔子也曾说过:"获罪于天,无所祷也。"(《论语·八佾》)"君子有三畏:畏天命,畏大人,畏圣人之言。"(《论语·季氏》)"祭如在,祭神如神在。"(《论语·八佾》)

墨子批评儒家的学说是"以天为不明，以鬼为不神"(《墨子·公孟》)，这说明儒家对天道、鬼神的态度包含无神论的倾向。孔子的再传弟子公孟便持"无鬼神"(《墨子·公孟》)之说。但是，儒家的孝道又离不开祭祀祖先之礼。墨子因此批评儒家学说的自相矛盾："执'无鬼'而学祭礼，是犹无客而学客礼也，是犹无鱼而为鱼罟也。"(《墨子·公孟》)墨家大讲"天志""明鬼""尊天事鬼"，以为其"兼相爱交相利"的社会主张张本。而儒家以后则提出"圣人以神道设教"(《易·观·彖传》)的观点，把鬼神之说作为施行道德教化的工具或辅助。

老子提出"道法自然"；道"象帝之先"，"为天下母"。(《老子》第四章)实际上，老子是彻底的无神论者。同时，他也是"天人合一"论者。他提出"人法地，地法天，天法道，道法自然"(《老子》第二十五章)，也就是说，人要合于地、天、道。他把"天道无为"作为其"人道无为"的社会主张的根据。

商鞅的学说是最"有为"的学说，在社会主张上与老子的学说截然相反；但商鞅之所以能够做到最"有为"，实际上又是以老子的彻底的无神论为哲学基础的。商鞅是政治家、社会改革家，既然"道法自然""天道无为"，那么"天道"又和政治、社会改革有什么相干呢？

儒家讲"以神道设教"，墨家讲"尊天事鬼"，道家讲"人法地，地法天，天法道"，他们都是要从"神""鬼""天""道"那里汲取力量，以推行他们的社会主张。他们在道德上、谋取民众的功利上、哲学理论上分别是强者，但他们在政治上却都是弱者。商鞅从哲学的强者那里汲取了力量，扫荡了鬼神，斩断了"天道"与政治、社会改革的关系，从而根据历史的进化、时势的发展而大胆地、敢作敢为地实施变法图强的一系列措施。商鞅不言鬼神，是因为他否认鬼神的存在；商鞅不言天道，是因为他确信"天道无为"，变法图强完全是人自己的事情，而与天道无关。商鞅不仅是哲学上的强者，而且更主要是政治上的强者。

商鞅不言鬼神而天道，除了表明他不信鬼神和"明于天人之分"的哲学立场外，还因为他不是一个专长的哲学理论家；他的政治家、社会改革家的身份使他专注于人类社会的历史和现状，而用不着去探讨自然界的运动规律。

如果用战国时期的哲学语言来表述商鞅思想的哲学特色的话，那么我们不妨节引《荀子·天论》中的一段话："天行有常，不为尧存，不为桀亡……强本而节用，则天不能贫；养备而动时，则天不能病；循道而不贰，则天不能祸。故水旱不能使之饥，寒暑不能使之疾，祅怪不能使之凶……故明于天人之分，则可谓至人矣。"荀子在对"天行"与人事的区分做了如此概括后，便提出"唯圣人为不求知天"。"不求知天"是为了专注于社会，而所以能够专注于社会，正是因为对"天道无为""天行有常"有了一个明确的、正确的哲学认识。

第二节　历史进化论

商鞅初到秦国时，以"客卿"身份筹措变法，虽得到秦孝公的信任，但受到保守派旧臣的强烈反对，于是发生商鞅与甘龙、杜挚的御前辩论。在辩论中，商鞅以历史的发展、政教的不同作为根据，申述变法的理由，反驳保守派的诘难，这是商鞅历史进化论思想的发端。商鞅后学继承和发展了商鞅的这一思想，使历史进化论不仅成为秦国坚持法治路线的重要哲学基础，而且对以后的哲学家产生了深远的历史影响。

商鞅变法最先遇到的反对意见是"圣人不易民而教，知者不变法而治"。商鞅驳斥说：这是"常人安于故习，学者溺于所闻"的"世俗之言"。他指出："三代不同礼而王，五霸不同法而霸。故知者作法，而愚者制焉；贤者更礼，而不肖者拘焉……"(《商君书·更法》)这段话是商鞅对夏、商、周三代和春秋时期历史发展的一个概括。既然夏禹、商汤、周武施行不同的礼教而都成就了王业,春秋时期的五霸创建不同的法度也都实现了霸业,那么所谓"圣人不易民而教,知者不变法而治"便是不符合历史发展实际情况的迂腐之论。开创新的礼、法的人才是"圣人""贤人""知者",而拘守前代礼、法的人恰恰是"愚者""不肖者"。

保守派又以"法古无过,循礼无邪"相诘难,商鞅针锋相对地予以反驳:"前世不同教,何古之法?帝王不相复,何礼之循?伏羲、神农教而不诛,黄帝、尧、舜诛而不怒〔孥〕,及至文、武,各当时而立法,因事而制礼。礼法以时而定,制令各顺其宜……治世不一道,便国不必法古。汤、武之王也,不循古而兴;殷、夏之灭也,不易礼而王。然则反古者未必可非,循礼者未足多是也。"(《商君书·更法》)这段话把历史的发展叙述得更加有条理,立论也更加明确、有力。

在商鞅的思想中,伏羲、神农是第一个阶段,黄帝、尧、舜是第二个阶段,夏禹、商汤至周文王、周武王是第三个阶段。在第一个阶段,只施行教化而不杀人;在第二个阶段,杀了人而不株连妻、子;在第三个阶段,夏禹、商汤和周文王、周武王又各自根据当时的形势制定礼、法。礼、法随时势的发展而制定,政令要符合实际的需要,因此"治世不一道,便国不必法古"。"治世""便国"是目的,礼、法是手段;为达到目的,手段就必须不断地变化。商鞅举出商汤、周武"不循古而兴"和夏桀、殷纣"不易礼而亡"正反两方面的例子,说明改革古法的人"未必可非",而拘守旧礼的人"未足多是"。这种辩驳立足于历史事实,也具有很强的逻辑说服力。保守派大唱"法古""循礼"的高调,但古代的礼、法随时势而变化,今人又去效法、依循哪一种礼、法呢?如果真要以史为鉴,那么只有根据当今的形势而变法图强。

"当时而立法,因事而制礼","治世不一道,便国不必法古",这是商鞅从历史的发展中确立的变法原则和理论依据。这一思想在《商君书》的《开塞》《画策》《君臣》等篇有更鲜明的体现。

《开塞》篇是商鞅学派的一篇重要的以历史观为基础的政论文章,它在中国思想史上也占有相当重要的位置。所谓"开塞",即清除障碍、开拓新路的意思。

《开塞》篇首先叙述了人类社会的历史发展：在"天地设而民生之"的初民社会，"民知其母而不知父，其道亲亲而爱私"。"亲亲"则区别亲疏，"爱私"则心存险恶。当此时，人们都努力去战胜对方而夺取私利，于是就发生争斗和争吵。由于争斗和争吵没有一定的是非标准来评判，所以人的理性便无法得到体现。于是有贤人出，建立中正的标准，主张无私，人们也就喜好仁慈了。当此时，亲亲之道废，而尊重贤人的思想立。仁者以爱人利人为职责，而贤人则要高出人一头，争得众人之上的位置。人数众多，无一定的制度可循，争为人上的事情发生久了，社会便有纷乱。于是有圣人出，划定土地、财物和男女之别。有分别而无制度不行，所以便创制了法律。有法律而无司法的人不行，所以便设置了官吏。有官吏而无统一的管辖不行，所以便建立了国君。有了国君，则尊重贤人的思想废，而尊重权贵的思想立——由此，《开塞》篇总结出"上世亲亲而爱私，中世上贤而说（悦）仁，下世贵贵而尊官"的"三世说"。此"三世说"在细节上虽不完全符合历史进化的实际情况，但大致反映了人类社会由母系到父系，由"亲亲""爱私"到有一定的道德规范，由平等到尚贤，由尚贤到尊官，由无法、无官、无君到有法、有官、有君的历史进程。

《开塞》篇进一步指出："亲亲"是以自私为道，而建立中正的道德标准则是使自私不得伸展；尊贤是以才德相竞争，而建立国君则是使贤人没有用处。这三个时代并不是行事彼此矛盾，而是人们所走的道路发生了阻塞，因而所重视的东西就有了变革；社会的情况发生了变化，因而所采取的办法也就不同了。——在这里，道德、贤人、国君等等都不是一开始就有的，更不是天意所授的，而是社会发展到一定的阶段，因旧路已经衰朽而新路需要开拓所必然产生的结果；历史不仅是进化的，而且是有必然趋势可循的。在两千多年前的中国古代，能得出这样的历史观，不能不令人钦佩其思想的深刻。

在历史进化论的基础上，《开塞》篇论述了知与力、德与刑两种不同的治道适用于不同的时代：人民愚昧，则力有余而智不足，所以有智慧的人就可以做国王；人民有了智慧，则技巧有余而力不足，所以有力量的人就可以做国王。人的性情是，对不知道的东西就学习，力量用尽了就屈服。神农教人耕种，而做了帝王，这是人学习他的智慧；商汤、周武兵力强大，而征伐诸侯，这是诸侯屈服于他们的力量。因此，"以〔知〕王天下者并（屏）刑，〔以〕力征诸侯者退德。""效于古者，先德而治；效于今者，前刑而法。"《开塞》篇终于从进化的历史观中引出了当时应尚力、重刑、任法的结论。

《开塞》篇在"民愚则知可以王，世知则力可以王"的前面有"故曰"二字，这段话与《算地》篇的一段话近同，当是《开塞》篇引用了《算地》篇的话。《算地》篇在"汤、武致强，而征诸侯，服其力也"的后面说："今世巧而民淫，方效汤、武之时，而行神农之事，以随（堕）世禁，故千乘惑乱，此其所加务者过也。"其中也有从历史进化得出尚力结论的思想。

《画策》篇对历史的进化过程有新的描述：在上古昊英时代，人数少而树木和野兽多，人们就伐木以猎杀野兽。在神农时代，男耕女织，大家分享劳动成果，不用刑罚政令而社会得到治理，不动用甲兵就做了帝王。神农死后，人们"以强胜弱，以众暴寡"，所以黄帝创制了"君臣上下之义，父子兄弟之礼，夫妇妃匹之合"，对内施以刑罚，对外动用甲兵。这是因为时代改变了。《画策》篇的历史进化论涉及了生产力的进步，也涉及了家庭、伦理和刑罚、军队等国家机器的起源问题，这在中国古代也是一个重要的理论建树。

《画策》篇针对当时人们对古代传说中的帝王越古越尊重的思想，提出"神农非高于黄帝也，然其名尊者，以适于时也"，也就是说，先帝与后帝都是适应不同的时势而采取了不同的治世方法，他们都同样值得尊重。为了替后帝（实际上是为当时的秦国）"内行刀锯，外用甲兵"辩护，《画策》进而提出："以战去战，虽战可也；以杀去杀，虽杀可也；以刑去刑，虽重刑可也。"这里包含了对历史辩证进程的一种理解。这一思想在商鞅本人的思想中尚没有明显的体现。《去强》《说民》《靳令》《开塞》等商鞅后学所作各篇提出了与商鞅本人"厚赏重刑"论不同的"重刑轻赏"论，于是"以刑去刑"便成为对"重刑轻赏"的一个合理性辩护，而《开塞》篇还表述了"以杀刑之反于德"的思想。《画策》篇另提出"重刑不赏"论："善治者刑不善而不赏善，故不刑而民善。……刑重者，民不敢犯，故无刑也……"对刑特别是重刑的高度重视，引发了商鞅学派关于"以战去战""以杀去杀""以刑去刑"的辩证思考。与《画策》篇约作于同时的《赏刑》篇虽不同意《画策》篇的"重刑不赏"论，但在论述"壹赏""壹刑""壹教"时套用了"壹（赏、刑、教）→不（赏、刑、教）→无（赏、刑、教）"的公式。这说明历史辩证法思想受到商鞅后学的普遍重视。其理论来源当是受老子哲学的影响，是对老子"无为而无不为"思想的反其意而用之，即由"有为"到"无为"。尽管"以战去战""以杀去杀""以刑去刑"带有为严刑峻法、强兵尚武进行辩护的性质，但其历史辩证法思想的合理内核仍有值得肯定的意义。

《画策》篇在论述君主之"明"时说："所谓明者，无所不见，则群臣不敢为奸，百姓不敢为非。是以人主处匡床之上，听丝竹之声，而天下治。……恃天下者，天下去之；自恃者，得天下。得天下者，先自得者也；能胜强敌者，先自胜者也。"这里明显地吸收了黄老学派的"君道无为"思想，并且充分体现了商鞅后学对君主的主观能动性的强调。

《画策》篇还有言："圣人知必然之理、必为之时势，故为必治之政，战必勇之民，行必听之令。是以兵出而无敌，令行而天下服从。黄鹄之飞，一举千里，有必飞之备也。丽丽巨巨①，日走千里，有必走之势也。虎豹熊罴，鸷而无敌，有必胜之理也。圣人见本然之政，知必然之理，故其制民也，如以高下制水，如以燥湿制火……圣人者不贵义而贵法，法必明、令必行则已矣。"这段话一连用了十多个"必"字，充分体现了商鞅学派对人类社会以及自然界运动规律的必然性的认识，这在同时期的文化典籍中是鲜见的。商鞅学派正是把历史的进化和历史发展的必然性作为其变法、任法的哲学基础。

---

① "丽丽巨巨"，良马之名。

《君臣》篇也谈到人类社会由无君、无官、无法到有君、有官、有法的历史进化。其开篇说："古者未有君臣上下之时，民乱而不治。是以圣人列贵贱，制爵位，立名号，以别君臣上下之义。地广、民众、万物多，故分五官而守之。民众而奸邪生，故立法制，为度量以禁之。是故有君臣之义、五官之分、法制之禁。"在阐述了"君臣之义、五官之分、法制之禁"产生的必然性和必要性之后，《君臣》篇又指出："处君位而令不行，则危；五官分而无常，则乱；法制设而私善行，则民不畏刑。"要使君令必行、官分有常、民畏刑罚，就必须"君尊""官修""法制明"。从历史的进化引出现时的政治主张，这是《君臣》篇和《开塞》《画策》等篇共同的特点。如果说商鞅学派最初主要是用历史的进化来论证变法的必要性，那么商鞅后学则主要是用历史的进化来论证坚持和强化商鞅的法治路线的必要性。如果说"究天人之际"是中国古代多数学派的哲学传统，那么"通古今之变"则是商鞅学派的重要哲学特色。

　　商鞅学派的历史进化论思想对后世的哲学家有重要、深远的影响。韩非子的《五蠹》篇同《商君书》的《开塞》《画策》《君臣》等篇一样，开篇即论述历史的进化："上古之世，人民少而禽兽众，人民不胜禽兽虫蛇；有圣人作，构木为巢以避群害，而民悦之，使王天下，号之曰有巢氏。民食果、蓏、蚌、蛤，腥臊恶臭而伤害腹胃，民多疾病；有圣人作，钻燧取火以化腥臊，而民悦之，使王天下，号之曰燧人氏。中古之世，天下大水，而鲧、禹决渎。近古之世，桀、纣暴乱，而汤、武征伐……是以圣人不期修古，不法常可，论世之事，因为之备……今欲以先王之政，治当世之民，皆守株之类也。"韩非子的"三世说"与商鞅学派的三世说虽不完全相同，但其思维方式以及从中引出的结论是相同的。韩非子总结出："世异则事异……事异则备变。上古竞于道德，中世争于智谋，当今争于气力。"我们由此不难看出韩非子所受《商君书·开塞》篇关于德与刑、知与力适用于不同时代的思想的影响。

　　唐代的柳宗元在《封建论》中说："彼其初与万物皆生，草木榛榛，鹿豕狉狉，人不能搏噬，而且无毛羽，莫克自奉自卫……夫假物者必争，争而无已，必就其能断曲直者而听命焉……由是君长刑政生焉……

大而后有兵有德……有诸侯之列……有方伯、连帅之类……然后天下会于一。"这一段对初民社会生产力低下和道德、国家起源的论说，我们在《商君书》的《开塞》篇和《画策》篇可以看到类似的描述。

明代杰出的哲学家王廷相在批判程朱理学所谓"天地间万形皆有敝，惟理独不朽"时说："揖让之后为放伐，放伐之后为篡夺，井田坏而阡陌成，封建罢而郡县设。行于前者不能行于后，宜于古者不能宜于今，理因时致宜，逝者皆刍狗矣，不亦朽敝乎哉？"（《雅述》下篇）历史进化论曾经是政治革新的旗帜，在明代中叶它又成为突破程朱理学的束缚而哲学革新的旗帜。

明清之际，黄宗羲说："有生之初，人各自私也，人各自利也。……有人者出，不以一己之利为利，而使天下受其利；不以一己之害为害，而使天下释其害。……古者以天下为主，君为客，凡君之所毕世而经营者，为天下也。今也以君为主，天下为客，凡天下之无地而得安宁者，为君也。……呜呼！岂设君之道固如是乎？"（《周夷待访录·原君》）在商鞅的时代，历史进化论曾经为实现君主的集权和专制做辩护；在黄宗羲的时代，历史进化论又成为批判君主的集权和专制的锐利武器。

在中国近代史上，达尔文的生物进化论被中国的先进分子普遍接受，并且迅速与中国传统的历史进化论思想相结合，从而形成中国近代变法维新和革命的哲学基础。康有为的"公羊三世说"，章炳麟的"俱分进化论"，直至孙中山关于从"不知而行"到"行而后知"再到"知而后行"三个历史阶段的划分①，以及从"人同兽争"到"人同天争"再到"人同人争"以至"人同君主相争"四个历史阶段的划分②，这些都可以说与商鞅学派的历史进化论有思想渊源的关系。而中国传统的历史进化论，又可以说是马克思主义的唯物史观在中国扎根的文化土壤。

---

① 孙中山：《孙文学说》，《孙中山选集》，人民出版社1957年版，第145—146页。
② 孙中山：《民权主义》，《孙中山选集》，第668页。

第三节 自然人性论

商鞅学派主张严明赏罚，以"刑治"而不以"义教"，"不贵义而贵法"。他们除了说明这是由于历史进化而必然采取的措施外，还提出这是针对人的追求食饱安逸等等的自然本性所使然。自然人性论是商鞅学派坚持法治路线的又一哲学基础。

商鞅学派以督民"耕战"为治国之要。他们认识到战争有生命的危险，耕稼须付出艰苦的劳动，这两项正是人民所畏难、困苦的事。《外内》篇说："民之外事莫难于战，故轻法不可以使之"；"民之内事莫苦于农，故轻治不可以使之"。正是因为人民好生恶死、好逸恶劳，所以要使民"耕战"就不能用"轻法""轻治"。所谓"轻法"，也就是"赏少而威薄，淫道不塞之谓也"。所谓"淫道"，也就是给辩知者、游宦者和文学之士开了利禄、名誉之门。要使民不得不去参加战争，就必须先"战其民"。"战其民"就必须用"重法"，"赏则必多，威则必严，淫道必塞"；如果使民以战，但又"赏少而威薄，淫道不塞"，那就像捕老鼠而用狸猫去引诱它一样不可能。如果"赏多威严，民见战赏之多则忘死，见不战之辱则苦生"，"而淫道又塞"，这样组织起来的军队遇到敌人，就好比用硬弓射飘摇的树叶一样无往而不胜。所谓"轻治"，也就是"其农贫而商富……末事不禁则技巧之人利，而游食者众之谓也"。要使民不得不去务农，就必须加重"不农之民"的徭役和赋税，并且使粮价昂贵。这样，不农之民无利可图，买不起粮食，也就不得不抛弃商贾、技巧的旧业，而改行去耕田。《外内》篇由此得出治理国家必须"边利尽归于兵，市利尽归于农"的结论。

《慎法》篇有与《外内》篇相类似的论述：国君役使人民，最劳苦的事是耕田，最危险的事是战争。这两件事，孝子难以为了他的父亲去做，忠臣也难以为了他的君王去做。要驱赶众民去做孝子、忠臣都难以做到的事，就必须"劫以刑而驱以赏"，使"民之欲利者非耕不得，避害者非战不免"。在这里，"欲利""避害"被视为人的普遍本性。

《算地》篇说："民之性，饥而求食，劳而求逸，苦则索乐，辱则求荣。""民之生（性），度而取长，称而取重，权而索利。"人民的本性就是追求食饱、安逸、欢乐、荣誉和利益。为了求利，人民抛弃了礼法，甚至不顾名声的可耻、生命的危险去做盗贼。还有一些士人，"衣不煖肤，食不满肠，苦其志意，劳其四肢，伤其五脏"，而心胸却更加宽广，这违背人之常情；但他们之所以这样做，为的是求名。因此，《算地》篇提出："名利之所凑，则民道之。"也就是说，名利在哪里，人民就往哪里走。务农，人民认为是劳苦的；战争，人民认为是危险的。而人民之所以肯做他们认为劳苦、危险的事，这是出于他们对名利的计虑。人民"生则计利，死则虑名"。"利出于地，则民尽力；名出于战，则民致死。"君主只要"操名利之柄"，人民就会尽力务农，勇于赴死，"富强之功，可坐而致也"。

《算地》篇还说：人民的本性是"有欲有恶"的。如果君主将刑罚用于许多方面以抑制、禁止人民的各种欲望，而利赏只出于农战一途，那么人民就会做事专一，去从事他们所憎恶的农战。这样，力量集中，国家就可以富强。

《错法》篇说：人生而有所好、有所恶，这是君主使用赏罚而进行统治的根本。"夫人情好爵禄而恶刑罚，人君设二者以御民之志，而立所欲焉。夫民力尽而爵随之，功立而赏随之。"君主如果能让人民相信这一点如相信日月之明一样，那么兵力就无敌于天下。

《君臣》篇说："民之于利也，若水之于下，四旁无择也。"人民只要可以从中得到利益，就肯去干，而利益是国君给予的。因此，"道（导）民之门，在上所先。"君主只要让利益只出于农战，人民就会去从事农战。

《农战》篇大力主张"作壹"，也就是使人民专一于农战。而要达到

"作壹"的目的，就必须使"民见上利之从壹空出也"，也就是说，要使人民见到君主所给予的利益只从农战一个窍出来。《靳令》篇说："利出一空者，其国无敌；利出二空者，〔其〕国半利；利出十空者，其国不守。"

商鞅学派把追名逐利、好逸恶劳、贪生怕死作为人的自然本性，这是一种"性恶"论的观点。孟子曾说："人性之善也，犹水之就下也。"（《孟子·告子上》）而商鞅学派却认为"民之于利也，若水之于下也，四旁无择也。"这两种观点是恰恰相反的，儒法两家由此而有德治和法治的对立。

《说民》篇说：人民战胜了法律，则国乱；法律战胜了人民，则兵强。采用良民治理的办法，国家"必乱至削"；采用奸民治理的办法，国家"必治至强"。《定分》篇说："法令者，民之命也，为治之本也，所以备（防）民也。"治国如果抛弃法令，那就好比希望不挨饿而抛弃粮食、希望不受冻而抛弃衣服、希望到东方而却走西方一样不可能。法令要确定"名分"，如果"名分未定"，连尧、舜、禹、汤都会曲而犯奸，像奔马似的去追逐利益；如果"名分已定"，那么大骗子也会变得正直诚信，穷苦的盗贼也不敢妄取。在儒家学者看来，人尽可以为尧、舜；而在商鞅学派看来，尧、舜也可以为"奸人"。

《画策》篇在批评儒家的德治主张时说："仁者能仁于人而不能使人仁，义者能爱于人而不能使人爱，是以知仁义之不足以治天下也。"道德教化没有使人都遵从道德的必然性，而圣人治国要"为必治之政，战必勇之民，行必听之令"。"善治者，使跖可信，而况伯夷乎？不能治者，使伯夷可疑，而况跖乎？势不能为奸，虽跖可信也；势得为奸，虽伯夷可疑也。"商鞅学派正是因为把尧、舜、伯夷这样的"圣人"也看作可以为奸的"奸人"，所以他们主张要用法令、刑罚造成一种任何人都"不能为奸"的必然之"势"。应该说，这样一种看法是有其深刻之处的。西方近现代的政法体制就是建立在霍布斯（Thomas Hobbes）等人的"性恶"论基础上的。这套体制所假设的便是任何人都可能犯错误，所追求的便是形成任何人都不能犯错误或对任何错误都能予以纠正的权力制衡机制。

如果超越"性善"与"性恶"的对立,那么人生活在社会环境中,受各种因素的影响,人之"自由意志"服从于道德律令,有其可能,而并非必然。完全的"纯乎天理,尽弃人欲"的"圣人"实际上是不存在的。因此,用法律造成一种社会成员不得不遵守一定行为规范的社会机制,这是必要的。孔子说:"道之以政,齐之以刑,民免而无耻;道之以德,齐之以礼,有耻且格。"(《论语·为政》)所谓"免而无耻",就是行为上能免于法律的制裁,但没有道德心;所谓"有耻且格",就是有道德心,而且行为也归于正确。前者对法治的批评是有道理的,法律并非万能,社会除需要法律外,还需要有道德;后者对德治的颂扬不免有些夸张,"有耻且格"不是所有人都能做到,也不是一个人时时处处完全可以做到的。后来荀子提出"隆礼尊贤而王,重法爱民而霸"(《荀子·强国》),综合了儒法两家之长,中国两千多年封建社会的政教便是依此而礼法并用、王霸并用的。当然,这并没有给中国带来真正的"长治久安",君主权力失去制衡的弊端以及其他方面的原因,不能不引起中国封建社会的周期性震荡。

商鞅学派基本上是"法律万能论"者,他们不仅认为法令可以禁止人为奸,而且认为法令可以成就人的"道德"。《画策》篇说:"所谓义者:为人臣忠,为人子孝,少长有礼,男女有别;非其义也,饿不苟食,死不苟生。此乃有法之常也。圣王者不贵义而贵法,法必明、令必行则已矣。"法令的确可以成为培养人的道德行为的一个条件,但认为法令可以涵盖道德的全部内容,这是极端的、片面的观点。

商鞅学派把所有人都看作可以为奸的"奸人",主张用法令战胜人民,这并不意味着商鞅学派对所有人的敌视。商鞅在同甘龙、杜挚辩论时就说:"法者,所以爱民也。……苟可以利民,不循其礼。"(《商君书·更法》)这种"爱民""利民"的民本主义观点,在商鞅后学那里也是得到继承的。《开塞》篇说:"今世之所谓义者,将立民之所好,而废其所恶;此其所谓不义者,将立民之所恶,而废其所乐也。"《开塞》篇的作者认为,世人所说的"义"和"不义",其名称和实质有矛盾。实际情况是,"立民之所乐,则民伤其所恶;立民之所恶,则民安其所乐。"因为"立民之所恶",人民就有忧患,有忧患就会思索,思索就要遵守法律;"立民之所乐",人民欢乐了就要荒淫,荒淫就要懒惰。用"刑治"则人民畏惧,人民畏惧就没有奸邪,没有奸邪则人民"安其所乐";用"义教"则人民放纵,人民放纵则国乱,国乱则人民"伤其所恶"。由此,《开塞》篇提出"刑"与"义"、"恶"与"好"的辩证法:"吾所谓利(刑)者,义之本也;而世所谓义者,暴之道也。夫正民者以其所恶,必终其所好;以其所好,必败其所恶。"这种辩证法当然是建立在片面地贬毁道德教化的作用而夸大刑罚作用的基点上,但从其民本主义的立场看来,也包含合理的成分:刑罚不仅是战胜人民的,而且最终是维护社会正常秩序、爱护人民、维护人民利益的——然而,正如马克思、恩格斯曾指出的那样,"每一个企图代替旧统治阶级的地位的新阶级,为了达到自己的目的就不得不把自己的利益说成是社会全体成员的共同利益,抽象地讲,就是赋予自己的思想以普遍性的形式,把它们描绘成唯一合理的、有普遍意义的思想"[①]。在阶级社会和君主专制的条件下,民本实际上成为对人民的统治,而刑罚则主要是统治阶级意志的体现。

[①] 《马克思恩格斯选集》第1卷,人民出版社1972年版,第53页。

第八章　商鞅学派的政治思想

第一节　君主集权与民本主义

商鞅第一次变法，实行军功授爵制，"宗室非有军功论，不得为属籍"，"有功者显荣，无功者虽富无所芬华"，这一方面是奖励征战，另一方面是废除贵族的世袭特权，把设官授爵的权力独操在君主的手中。商鞅第二次变法，"集小乡邑聚为县，置令、丞，凡三十一县"，这是在全国普遍推行郡县制，废除分封制，县级官吏由中央直接任免，不得世袭，没有独立的行政权和军权，这样就把全国的政治权力都集中到君主的手中。确立君主集权制，这是商鞅变法的一项基本内容。而君主集权的思想在《商君书》中也有充分的体现。

《修权》篇说："国之所以治者三：一曰法，二曰信，三曰权。法者，君臣之所共操也；信者，君臣之所共立也；权者，君之所独制也。人主失守则危……权制断于君则威……惟明主爱权重信，而不以私害法。"这里提出了治国的三个基本要素：第一是法度，第二是执法的信用，第三是权柄。前两者由君臣所共操、共立，后者则要由君主独自掌握。君主失掉了权柄，国家就有危险；权柄由君主独裁、垄断，国家就有威严。只有贤明的君主才爱护权柄，重视执法的信用，不以私意损害法度。显然，在这三个要素中，君主独占其一，而另两个是否能得到贯彻，其关键也在于君主。《修权》篇之所以把"修权"作为篇名，也是由于认识到"法""信""权"中的"权"最为重要。此篇可能是商鞅本人所作。"权者，君之所独制也"，这是商鞅在秦国实行变法、建立新的政治体制的一个基本原则。后来韩非子说："事在四方，要在中央；圣人执要，四方来效。"（《韩非子·扬权》）这是韩非子继承商鞅的思想，对君主集权原则的一个更为典型的表述。

《修权》篇在提出权柄由君主独掌的同时，又向君主提出了"不以私害法"的要求。也就是说，权为君主所独掌，而法并非君主所私有；君主必须专权，但不能自恣、专利；专权是手段，法的公意得到贯彻执行是目的。《修权》篇说："公私之分明，则小人不疾贤，而不肖者不妒功。故尧舜之位天下也，非私天下之利也，为天下位天下也；论贤举能而传焉，非疏父子而亲越（远）人也，明于治乱之道也。故三王以义亲，五霸以法正诸侯，皆非私天下之利也，为天下治天下。是故擅其名而有其功，天下乐其政，而莫之能伤也。今乱世之君臣，区区然皆擅一国之利，而管一官之重，以便其私，此国之所以危也。故公私之交，存亡之本也。"这段话把对君主的公私之辨提高到国家的"存亡之本"的高度，提出君主不是私自占有天下人的利益，而是为了天下人而君临、治理天下，甚至于还提出君主可以"论贤举能"而实行禅让。这是君主集权与民本主义相结合的一个典型表述。这种思想与儒家的政治思想相一致，孟子所谓"民为贵，社稷次之，君为轻"（《孟子·尽心下》），董仲舒所谓"天之生民非为王也，而天立王以为民也"（《春秋繁露·尧舜不擅移汤武不专杀》）等等，基本上表达的是同一个意思。这种思想在中国两千多年封建社会的历史中不绝如缕，直到清朝的宫廷亦即现在的故宫里还有这样一副对联："惟以一人治天下，岂将天下奉一人！"

关于"论贤举能"而实行禅让，在秦国历史上可能只有商鞅才能够提出，而且《战国策·秦策一》确有"孝公……疾且不起，欲传商鞅，辞不受"的记载。禅让是中国古代对尧、舜、禹时代的一种美传，在战国时期，由于私有制和私有观念的发展，已经没有真正实行的可能。商鞅不接受秦孝公的禅让，除主观上不敢僭越君臣之大防外，还有宗室、大臣势力的牵制以及国际和社会舆论的压力等客观因素的制约。在商鞅死后二十年（公元前318年），在燕国发生了燕王哙受相国子之的蒙骗而"让国"于子之的事件，由此酿成了国家内乱和国破君亡的悲剧："子之三年，燕国大乱……死者数万众，燕人恫怨。"齐宣王听孟子之言而伐燕，燕国"士卒不战，城门不闭，燕王哙死，齐大胜燕，子之亡"（《战国策·燕策一》）。在这一出"让国"悲剧发生之后，各国有前车之鉴，再有人谈禅让之事的可能性已经很小了。燕王哙"让国"上至商鞅死仅二十年，在这二十年中，秦惠文王先车裂商鞅，并且警告臣下"莫如商鞅反者"，而后于公元前325年自称为王。在此期间，秦国也不会有人敢言禅让之事。因此，《修权》篇极可能是商鞅所自作。

　　商鞅死后，其后学所作各篇没有再谈"论贤举能而传焉"者；但商鞅的君主集权，"爱权重信，而不以私害法"的思想，一直被商鞅后学所继承。

　　《开塞》篇说："夫利天下之民者莫大于治，而治莫康于立君，立君之道莫广于胜法，胜法之务莫急于去奸，去奸之本莫深于严刑……"这里把"立君"、"胜法"（《说文解字》："胜，任也"）、"去奸"、"严刑"等等同"利天下之民"结合起来，显然是对《修权》篇思想的继承。

　　《君臣》篇说："处君位而令不行则危。……法制设而私善行，则民不畏刑。君尊则令行……法制不明而求民之从令也，不可得也。民不从令而求君之尊也，虽尧舜之知，不能以治。明王之治天下也，缘法而治，按功而赏。"这里把"君尊则令行"和"缘法而治，按功而赏"，不行私善则民从令，民从令则君尊，说成是互为因果的关系。"君尊"是对君主集权的强调，"缘法而治"、不行私善则是要求君主正确地使用权力。

　　《壹言》篇说："夫民之不治者，君道卑也；法之不明者，君长乱也。故明君不道卑、不长乱也，秉权而立，垂法而治……""君道卑"是指君主的权柄失守、旁落；"不道卑"就是牢牢掌握大权，"秉权而立"。"君长乱"是指君主"以私害法";"不长乱"就是以法为准绳,"垂法而治"。君之尊在于君主独掌大权,法之明、国之治在于君主依法而行使权力。法有权则威,权有法则治,法与权是相互依存的。

《画策》篇说:君主的德行、智慧和勇力都不超过别人,但臣民们虽有智慧却不敢暗算他,虽有勇力却不敢杀害他,虽人数众多却不敢欺凌他。臣民达到亿万之数,但国君悬出重赏,臣民不敢抢夺;施行重罚,臣民不敢怨恨。这是因为什么?就是因为有"法"!——商鞅学派丝毫没有把君主圣化或神化,没有把他们说成是"人伦之至"的"圣王"或"奉天承运"的"真命天子",而是把他们看作普通人;既然是普通人,他们独操权柄就不是凭借崇高道德的感化或无边神力的佑护,而是因为有国家的法律。君主的权力至上,但君主的权力之所以成立和有效的基础是法。因此,君主不能"以私害法"。

《画策》篇还说:"昔之能制天下者,必先制其民者也;能胜强敌者,必先胜其民者也。故胜民之本在制民,若冶于金、陶于土也。本不坚,则民如飞鸟禽兽,其孰能制之?民本,法也。故善治者塞民以法,而名地作矣。"在理论上,商鞅学派的君主集权思想是与民本思想结合在一起的,"利天下之民"是立君和立法的目的。但商鞅学派的自然人性论观点又认为"利民"必先"胜民","胜民"者是君主,君主之"胜民"的根本是法。在实际操作上,君主和法处于同民相对立的位置。所谓"善治者塞民以法,而名地作矣",就是说善于治理国家的君主要用法来遏制人民,这样名声和土地也就随之而来。这后一句话道出了君主集权和用法的真实目的——君主要的是自己的名声和土地。于是,民本、"利民"便成为一块虚幻的招牌。当然,这块招牌在某些理论家的思想中还是真实的,但这些理论家在说服君主来贯彻他们的政治主张时,却又不得不用实现君主的真实欲望来打动君主的心。这样,到底是"利民"还是"利君主",在理论上也模糊不清了。

在《画策》篇的作者看来,"利君主"和"利民"是统一的。他说:"所谓明者,使众不得不为。……所谓强者,使勇力不得不为己用。其志足,天下益之;不足,天下说(悦)之。"也就是说,圣明、强大的君主要使众人和他们的勇力不得不为己所用。君主的意欲充分实现了，天下的人都可以受益；没有充分实现，天下的人也仍然喜欢他。喜欢他什么？喜欢他"不以私害法"。《画策》篇接着说："恃天下者，天下去之；自恃者，得天下。得天下者，先自得也；能胜强敌者，先自胜者也。"意思是，君主依靠天下人，天下人就会离开他；君主依靠自己，就能取得天下。能取得天下的君主，自己先能措施得当；能战胜强敌的君主，自己先能战胜自己的私心。在这里，作者充分强调了君主依靠自己而独掌权力的重要，也充分强调了君主"自得""自胜"的重要。"自胜"是战胜自己的私心，而战胜自己的私心是为了"胜强敌"，"能胜强敌者必先胜其民"。这样，"自胜"也就是"胜其民"的条件，战胜自己的私心、"不以私害法"是手段，"胜其民"是目的；当然，"胜其民"也是手段，"胜强敌"、君主得到名声和土地、天下人也都利益均沾是目的。——手段和目的的缠绕，在君主集权和民本主义的结合中，是一个难以解开的扣。

司马谈说："法家严而少恩，然其正君臣上下之分，不可改矣。"司马迁说："法家不别亲疏，不殊贵贱，一断于法，则亲亲尊尊之恩绝矣，可以行一时之计，而不可常用也，故曰严而少恩。若尊主卑臣，明分职不得相逾越，虽百家弗能改也。"(《史记·太史公自序》)法家学说在中国古代虽曾受到过严厉的批判，但其"尊主卑臣""正君臣上下之分"，亦即强调君主集权，却又受到其他各家普遍的肯定。

君主集权与民本主义相结合，儒法两家在这一点上并无二致。不同的只在于：儒家认为构成君主权力的基础是"德"，法家认为构成君主权力的基础是"法"。实际上，儒法结合、德法并用正是中国封建社会君主政治的一个显著特征；而民本主义在君主政治中却不可能得到真正的贯彻执行。中国封建社会后期，对君主政治与民本主义相乖离进行猛烈抨击的代表人物是宋元之际的邓牧和明清之际的黄宗羲。邓牧说："天生民而立之君，非为君也，奈何以四海之广足一夫之用邪？……彼所谓君者，非有四目两喙、鳞头而羽臂也；状貌咸与人同，则夫人固可为也。今夺人之所好，聚人之所争，'慢藏诲盗，冶容诲淫'，欲长治久安，得乎？"（《伯牙琴·君道》）黄宗羲说："古者以天下为主，君为客……今也以君为主，天下为客，凡天下之无地而得安宁者，为君也。……岂天地之大，于兆人万姓之中，独私其一人一姓乎？"（《明夷待访录·原君》）君主政治与民本主义的矛盾正是中国政治思想从民本走向民主的一个契机。在黄宗羲关于"重相权""设政事堂""其主亦有所畏而不敢不从"（《明夷待访录·置相》）"使治天下之具皆出于学校"（《明夷待访录·学校》）的政治设计中，已经具有了民主思想的萌芽。只有从民本走向民主，权力与利益、手段与目的的统一才能够得到真正的实现和保障。

第二节　尚力与任法

尚力的思想最先出于墨家。《墨子·非命中》说："天下之治也，汤、武之力也；天下之乱也，桀、纣之罪也。若以此观之，夫安危治乱，存乎上之为政也，则夫岂可谓有命哉？……今贤良之人，尊贤而好道术，故上得王公大人之赏，下得万民之誉，遂得光誉令闻于天下，亦岂以为其命哉？又以为其力也。"墨子认为，国家的治乱和个人的穷达，不在于"天命"的安排，而在于人是否付出了主观能动性的努力。这种尚力的思想是与儒家的"天命"论相对立的。商鞅学派也极力主张尚力，但由于"天命"论在商鞅学派的思想中丝毫不占有位置，所以其尚力之说不是与"天命"论相对立，而是与尚德、尚知、"好言"相对立。

商鞅在初到秦国游说秦孝公时说："吾以强国之术说君，君大说（悦）之耳，然亦难以比德于殷、周矣。"所谓"强国之术"，就是增强国家的经济和军事实力的办法；这种办法与殷、周时期的德治难以相比。赵良在批评商鞅时援引《尚书》说："恃德者昌，恃力者亡。"在当时的语境下，"恃德者"是指儒家，"恃力者"是指商鞅。"恃力者亡"是儒家对法家的诅咒，而战国时期的形势却正是"诸侯力政，争相并"亦即只有"恃力"国家才能生存的形势。

《农战》篇说："无力者其国必削"，"多力则国强"，"国好力者以难攻，以难攻者必兴"。"力"对于国家的削长、强弱、兴亡是至关重要的。

《开塞》篇说："民愚，则知可以王也；世知，则力可以王也。……故以〔知〕王天下者并（屏）刑，〔以〕力征诸侯者退德。"尚力是与尚知、尚德相对立的。《开塞》篇从历史进化的观点提出"兴王有道，而持之异理"。"神农教耕而王，天下师其知也；汤、武致强而征，诸侯服其力也。……武王逆取而贵顺，争天下而上让，其取之以力，持之以义。"这就是说，是尚力还是尚知、尚德，要根据历史的发展和攻守的形势而定。儒家认为，夏、商、周三代是以德服天下；而商鞅学派认为，汤、武征伐是以力服天下。《开塞》篇特别指出，周武王是"逆取而贵顺"，夺天下时"取之以力"，守天下时"持之以义"。后来，陆贾在劝说汉高祖刘邦尊儒时说："居马上得之，宁可以马上治之乎？且汤、武逆取而以顺守之，文武并用，长久之术也。……向使秦已并天下，行仁义，法先圣，陛下安得而有之？"（《史记·陆贾列传》）贾谊在总结秦二世而亡的教训时也说："仁义不施而攻守之势异也。"（《新书·过秦上》）实际上，陆贾和贾谊的观点已先见于《商君书》的《开塞》篇。汉代的儒生说："商鞅以重刑峭法为秦国基，故二世而夺。……知其为秦开帝业，不知其为秦致亡道也。"（《盐铁论·非鞅》）然而，商鞅确实"为秦开帝业"，如果秦统一中国后，像《开塞》篇所说，"逆取而贵顺"，"取之以力，持之以义"，那么秦恐怕不会"二世而夺"。亡秦的直接责任者并不是商鞅；秦之所以速亡者，未采纳《开塞》篇之言也！陆贾在劝说刘邦尊儒时应当说：向使秦已并天下，采《开塞》篇之言，"逆取而贵顺"，陛下安得而有之？

商鞅学派之所以在战国时期大倡尚力之说，实是由于当时战争形势的需要。《开塞》篇说："今世强国事兼并，弱国务力守……万乘莫不战，千乘莫不守……"《慎法》篇也说："千乘能以守者，自存也；万乘能以战者，自完也。虽桀为主，不肯诎半辞以下其敌。外不能战，内不能守，虽尧为主，不能以不臣谐所谓不若之国。"战争是当时最紧迫、最严峻的客观存在，如果外而能战，内而能守，即使像夏桀这样的昏君也不肯说半句软话，向敌国屈服；如果"外不能战，内不能守"，虽有帝尧这样的圣君也不能不屈服或讲和于强暴之国。正是在这种形势下，商鞅学派提出："国之所以重，主之所以尊"的根本是"力"。

孟子说："以力假仁者霸，霸必有大国；以德行仁者王，王不待大，汤以七十里，文王以百里。以力服人者，非心服也，力不赡也；以德服人者，中心悦而诚服也，如七十子之服孔子也。"（《孟子·公孙丑上》）在"诸侯力政，争相并"的形势下，各个诸侯国的国君都怀着吞诸侯、"辟土地"、"莅中国而抚四夷"的"大欲"（《孟子·梁惠王上》），而孟子却向他们奢谈王霸之辨、"以德服人"，甚至小国也可以"以德行仁"而称王天下，这实在是把道德理想主义运用于当时的兼并战争和君主政治的"虚言"。①《商君书·去强》篇说："国好力，日以难攻；国好言，日以易攻。……国无敌者强，强必王。……多力者王。"商鞅学派的尚力思想的确要比儒家的尚德思想实际得多，而把尚力和"好言"对立起来，也越来越具有儒法正面冲突的性质。

《慎法》篇说："彼言说之势（艺），愚智同学之，士学于言说之人，则民释实事而诵虚词。民释实事而诵虚词，则力少而非（诽）多。"商鞅学派认为，如果崇尚言说，人民就会逃避耕战之苦，抛弃"实事"而诵读"虚词"（指《诗》《书》等儒家典籍）。这样，国家的实力就会减少，而对国君的诽谤却会增多。因此，尚力就必须反对"好言"，去掉"虚词"。

商鞅学派尚力，其所谓"力"即指国家的经济和军事实力，尚力也就是重视"农战"。《农战》篇说："国之所兴者，农战也。今民求官爵皆不以农战，而以巧言虚道，此谓劳民。劳民者其国必无力，无力者其

---

① 魏惠王便认为孟子所言是"迂远而阔于事情"。见《史记·孟子列传》。

国必削。善为国者,其教民也皆作壹而得官爵……国去言则民朴,民朴则不淫,民见上利之从壹空出也,则作壹。作壹则民不偷营,民不偷营则多力,多力则国强。"《算地》篇也说:"人使民属于农,出使民壹于战。故圣人之治也,多禁以止能,任力以穷诈,两者偏(徧)用,则境内之民壹。"可见,国之"多力"或"无力"全在于国君是否"作壹",即是否把人民统一到"农战"方面来。而"作壹"之术就在于国君立法,"利从一空出""多禁以止能"。商鞅学派认为,人的本性是好逸恶劳、贪生怕死、趋利避害,因此要把人民统一到"农战"方面来,就必须使用法律,"劫以刑而驱于赏"。

《开塞》篇说:"今有主而无法,其害与无主同。……立君之道莫广于胜(任)法,胜法之务莫急于去奸,去奸之本莫深于严刑,故王者以赏禁以刑劝……""胜法"即任法是商鞅学派从君主集权、尚力、"作壹"于"农战"必然引出的结论。

商鞅在秦国实行两次变法的实质就是依靠君主的权力,颁布法令、严明赏罚,使民统一于"农战",并且改革不适于"农战"的政治经济制度。《战国策·秦策一》:"商君治秦,法令至行,公平无私,罚不讳强大,赏不私亲近,法及太子,黥劓其傅。"《韩非子·定法》篇说:"公孙鞅为法……法者,宪令著于官府,刑(赏)罚必于民心,赏存乎慎法,而罚加乎奸令者也。"这两段话是对商鞅运用法令而实行变法的实践的概括。

《商君书·修权》篇说:"国之所以治者三:一曰法,二曰信,三曰权。法者,君臣之所共操也;信者,君臣之所共立也……君臣释法任私必乱,故立法明分而不以私害法则治……民信其赏则事功成,信其刑则奸无端。……凡赏者,文也;刑者,武也。文武之道,法之约也。故明主任法。"这里明确地提出了"明主任法"的主张,使法和执法的信用占去了治国要素三分之二的位置,并且把"法之约"即法的纲要或本质规定为赏刑。我们可以把这些看作商鞅本人的思想。

《修权》篇还说:"厚赏而信,刑重而必,不失疏远,不违亲近,故臣不蔽主,而下不欺上。……夫释权衡而断轻重,废尺寸而意长短,虽察，商贾不用，为其不必也。故法者，国之权衡也。夫倍（背）法度而任私议，皆不知类者也。……赏诛之法，不失其议（仪，标准），故民不争。……君好法，则臣以法事君；君好言，则臣以言事君。君好法，则端直之士在前；君好言，则毁誉之臣在侧。"从这些论述，我们更可以看出商鞅对"法"的重视和对"任法"的强调。商鞅认为，"法"是治理国家的准绳；"法"的本质是依照律令，因功而赏，有罪而刑；"法"的威严在于厚赏重刑；"任法"就是要不分亲疏，不论贵贱，赏而有信，刑而不宥，不以私议、言谈害法。

《君臣》篇说："明主慎法制，言不中法者，不听也；行不中法者，不高也；事不中法者，不为也。言中法，则辩之；行中法，则高之；事中法，则为之。故国治而地广，兵强而主尊，此治之至也。"《慎法》篇说："有明主忠臣产于今世而能领其国者，不可以须臾忘于法。破胜党任，节去言谈，任法而治矣。"《弱民》篇说：如果背弃法令而治国，那么就像任重道远而没有马牛、想渡大川而没有舟楫一样不可能。这些都是商鞅后学对商鞅重法、"任法"思想的继承。

《赏刑》篇提出"壹赏""壹刑""壹教"的理论。所谓"壹赏"，就是"利禄官爵抟（专）出于兵，无有异施也"。所谓"壹刑"，就是"刑无等级，自卿相将军以至大夫庶人，有不从王令、犯国禁、乱上制者，罪死不赦"。这是对商鞅"任法"，"公平无私，罚不讳强大，赏不私亲近"思想的继承。

儒家主张"礼不下庶人，刑不上大夫"（《礼记·曲礼上》），而商鞅学派主张凡有军功皆可得"利禄官爵""刑无等级"；儒家主张"自天子以至于庶人，壹是皆以修身为本"（《礼记·大学》），而商鞅学派主张"自卿相将军以至大夫庶人"，壹是皆以法令为绳。我们由此可以看出儒法两家在德治和法治上的尖锐对立。

儒家除尚德的思想外，也有尚力的思想，如荀子说："义以分则和，和则一，一则多力，多力则强，强则胜物。"（《荀子·王制》）这句话可以概括为力生于义，德为力之本。而商鞅学派则说："刑生力，力生强，强生威，威生德，德生于刑"（《商君书·说民》），或"德生于力"（《商君书·勒令》），刑、力为德之本。

孔子曾反对晋国"铸刑鼎"，也就是反对将法令条文公布于众，说如此则"民在鼎矣，何以尊贵？贵何业之守？贵贱无序，何以为国？"（《左传·昭公二十九年》）商鞅学派则大力强调"明法"："圣人为法，必使之明白易知"；"为置法官，置主法之吏，以为天下师"，"吏民〔欲〕知法令者，皆问法官"，从而使"天下之吏民无不知法者"；"吏明知民知法令也，故吏不敢以非法遇民，民不敢犯法以干法官"（《商君书·定分》）。这就是商鞅学派"以法为教""以吏为师"的思想。

通过"明法"，人民知道自己该做什么，不该做什么，这样犯罪就会减少。所以，《说民》篇说："家断则有余"，如果官吏在白天能把刑狱处理完，国家就能成就王业；"官断则不足"，如果官吏在晚上才能把刑狱处理完，国家也还可以强大；如果什么事都需要君主来断定孰是孰非，政务就会拖延，国家就会削弱。

第三节　厚赏重刑与重刑轻赏

商鞅在变法之初，"恐民之不信"，而有"徙木赏金"之举；在变法的条文中，又有"重刑而连其罪"，"不告奸者腰斩，告奸者与斩敌首同赏，匿奸者与降敌同罚"，"有军功者各以率受上爵，为私斗者各以轻重被刑大小"等等。这些都说明商鞅是"厚赏重刑"论者。

《修权》篇说："上多惠言，而不克其赏，则下不用；数加严令，而不致其刑，则民傲死。凡赏者，文也；刑者，武也。文武者，法之约也。……故赏厚而信，刑重而必，故臣不蔽主，而下不欺上。"这段话可概括为三层意思：第一，法的纲要、本质是赏刑；第二，赏刑必须有信；第三，赏刑要达到效果，除有信外，还必须"赏厚""刑重"。商鞅学派在前两点上意见基本一致，而在后一点上则有"厚赏重刑"和"重刑轻赏"的分歧。

《商君书》中，主张"厚赏重刑"的除《修权》篇外，还有疑为商鞅自撰的《外内》篇和商鞅后学所作《农战》《算地》《错法》《赏刑》等篇。

《外内》篇说："民之外事莫难于战，故轻法不可以使之。奚谓轻法？其赏少而威薄，淫道不塞之谓也。……赏少则听者无利也，威薄则犯者无害也。……故欲战其民者，必以重法，赏则必多，威则必严……民见战赏之多则忘死，见不战之辱则苦生。"显然，《外内》篇是坚决主张"厚赏重刑"的，并且对何以要"厚赏重刑"、何以不能"赏少而威薄"做了明确的说明。

《农战》篇说："凡人主之所以劝民者，官爵也。……善为国者，其教民也皆作壹而得官爵。……民见上利之从壹空出也，则作壹。""君修赏罚以辅壹教，是以其教有所常而政有所成也。"这里虽然没有对赏的厚薄做出明确的表述，但把赐以"官爵"和"利"作为使民耕战的主要手段，因而可以说它是持"厚赏重刑"论的。

《算地》篇说："为国之数，务在垦草；用兵之道，务在壹赏。""主操名利之柄，而能致功名者，数也。""田荒则民诈生，国贫则上匮赏。""刑戮者所以止奸也，而官爵者所以劝功也。"这里把"壹赏""操名利之柄"放在首位，并且指出要防止"国贫则匮赏"，显然也属于"厚赏重刑"论。

《错法》篇说："行赏而兵强者，爵禄之谓也。爵禄者，兵之实也。""夫人情好爵禄而恶刑罚，人君设二者以御民之志，而立所欲焉。夫民力尽而爵随之，功立而赏随之，人君能使其民信于此如明日月，则兵无敌矣。"这里也把"赏""爵禄"放在比"刑罚"更重要的位置上，因而其持"厚赏重刑"论是无疑的。

《赏刑》篇在论述"壹赏"时说："利禄官爵抟（专）出于兵……战必覆人之军，攻必凌人之城，尽城而有之，尽宾（征服）而致之，虽厚庆赏，何匮之有矣！"这就是说，利禄官爵专门赏给有军功者，士兵们肯出力赴死，军队战无不胜，整城的战利品源源不断而来；这样，虽对士兵施以厚赏，财物又怎会匮乏呢！《赏刑》篇持"厚赏重刑"论更是无疑了。

"厚赏重刑"是商鞅本人的思想，其后学的相当一部分继承了这一思想。韩非子在讲到商鞅治秦时也说："公孙鞅之治秦也……赏厚而信，刑重而必。"（《韩非子·定法》）可以说，"厚赏重刑"是商鞅学派的主流思想。

然而，《商君书》的《开塞》《去强》《说民》《壹言》等篇却另持有"重刑轻赏"论。

《开塞》篇说："治国刑多而赏少，故王者刑九而赏一，削国赏九而刑一。……刑加于罪所终，则奸不去；赏施于民所义。则过不止。刑不能去奸，而赏不能止过者，必乱。故王者刑用于将过，则大邪不生；赏施于告奸，则细过不失。""胜法之务莫急于去奸，去奸之本莫深于严刑。故王者以赏禁，以刑劝，求过不求善，藉刑以去刑。"这就是说，治理国家要刑罚多而赏赐少，刑罚要用在人民将要犯罪的时候（亦即对"轻罪"施以重刑，《史记·商君列传》《集解》引《新序》说商鞅之法有"弃灰于道者被刑"），赏赐不是奖励善行，而是只施于"告奸"，为的是"止过"。显然，《开塞》在赏刑两个方面更重视"严刑"，主张"刑多而赏少"，赏不是用在因功授赏的积极方面，而是只用在"告奸""止过"的消极方面。这是《开塞》篇的"重刑轻赏"论。

《去强》篇说："重罚轻赏，则上爱民，民死上；重赏轻罪，则上不爱民，民不死上。……王者刑九赏一，强者刑七赏三，削国刑五赏五。"《说民》篇解释说："罚重，爵尊；赏轻，刑威。爵尊，上爱民；刑威，民死上。""刑多则赏重，赏少则刑重。"这就是说，只有刑之重与赏之轻形成强烈的对比，才能突显出刑的威严和赏的重要。但是，为什么不能通过重赏而使"爵尊"？为什么只有"赏轻"才使"刑威"？《去强》篇和《说民》篇并没有解释清楚。我们姑且不论这些，《去强》篇和《说民》篇主张"重刑轻赏"是可以肯定的。

《靳令》篇也说："重刑少赏，上爱民，民死赏；重赏轻刑，上不爱民，民不死赏。"对为什么"重赏"不是"上爱民""少赏"才会"民死赏"，也没有解释清楚。这段话可能是《靳令》篇因袭《去强》篇的观点。

《壹言》篇与上几篇不同，它只是提出君主对于人民要"先刑而后赏"。也就是说，刑是首要的；赏是次要的。我们可以把此也归为"重刑轻赏"论。

比"重刑轻赏"论更进一步的观点是《画策》篇的"重刑不赏"论。其文云："善治者，刑不善而不赏善，故不刑而民善。不刑而民善，刑重也。刑重者，民不敢犯，故无刑也；而民莫敢为非，是一国皆善也，故不赏善而民善。"在"不赏善"这一点上，《画策》篇与《开塞》篇是一致的。但《开塞》篇还有"赏施于告奸，则细过不失"，而《画策》篇说只要"刑重"就可以使"民莫敢为非""一国皆善"了。《画策》篇持"重刑不赏"论，但篇中也有自相矛盾处。它在讲到"使民乐战"时说："民之见战也，如饿狼之见肉，则民用矣。凡战者民之所恶也，能使民乐战者王。强国之民，父遗其子，兄遗其弟，妻遗其夫，皆曰：'不得，无返！'"人民之所以有如此的战争狂热，不是仅靠重刑能够奏效的；重刑只能迫民以战，而不能"使民乐战"。民之所以"乐战"，实是因为有军功授爵制，有"富贵之门必出于兵"的政策。所以，《画策》篇的"重刑不赏"论不能看作商鞅学派的一种正式的观点。

《外内》篇在讲到"赏少而威薄"不足以使民"苦生""忘死"而参加战争时，说这样就像逮老鼠而诱以狸猫一样不可能。《慎法》篇也说，要使民耕战"非劫以刑而驱以赏莫可"。可见，刑和赏都不过是引诱、胁迫、驱使人民的工具，刑赏合在一起便是"胡萝卜加大棒"。商鞅学派内部关于"厚赏重刑"和"重刑轻赏"的争论，是统治者如何运用"胡萝卜加大棒"的争论；商鞅学派的一部分认为"大棒"比"胡萝卜"更重要，他们的"重刑轻赏"论更加突出了法家"严而少恩"的思想特色。

第九章 商鞅学派的经济思想

第一节 农为强国之本

商鞅变法前夕，秦孝公为"强秦"而下达"求贤令"，商鞅亦以"强国之术"说孝公，君臣二人在"强国"这一点上达成一致，遂一拍即合，演出了商鞅变法的雄壮史剧。他们所谓"强秦"或"强国"即"富国强兵"之意，而"富国"也就是通过兴农而致富之意。商鞅继承了李悝的"作尽地力之教"和吴起的"要在强兵"思想，他的变法措施都是围绕着"农战"而展开。农是战的基础，所以农为强国之本。

商鞅变法最先颁布的法令是"垦草令"，商鞅为"垦草令"拟就的方案——《垦令》篇提出了二十种方法，内容涉及政治、经济和思想文化等广泛领域，实际上是商鞅以兴农为基点而实施变法的总体构想。商鞅两次变法，下达"僇力本业，耕织致粟帛多者复其身"、"事末利及怠而贫者举以为收孥"、"为田开阡陌封疆，而赋税平"等一系列法令，都贯彻了以农为本的方针。

《农战》篇是商鞅学派集中论述重农思想的一篇重要文献。文中说："百人农一人居者王，十人农一人居者强，半农半居者危。故治国者欲民之农也。国不农，则与诸侯争权，不能自持也，则众力不足也。故诸侯挠其弱，乘其衰，土地侵削而不振，则无及已。圣人知治国之要，故令民归心于农。归心于农，则民朴而可正也，纷纷①则易使也，信可以守战也。……明君修政作壹，去无用，止浮学事淫之民，壹之农，然后国家可富，而民力可抟也。……惟圣人之治国作壹，抟之于农而已矣。"从这些论述可以看出，商鞅学派的重农思想与战国时期诸侯兼并的战争形势密切相关。国不兴农则贫，贫则无力，无力则兵弱、国土被侵削；反之，国兴农则富，富则多力，多力则"强兵辟土"、成就王业。因而，圣人的"治国之要"就是"令民归心于农"，亦即诱使、驱迫尽可能多的人去从事农业。人民专心务农，就朴实而容易治理，忠厚而容易役使，诚信而可以守土、攻战。这就是说，兴农不仅可以在经济上富国而强兵，而且可以在政治、民俗上使人民朴实、忠厚、诚信而强兵。商鞅学派主张"作壹"，一般来说，"作壹"是使民专一于"农战"；而《农战》篇强调，"作壹"最根本的是使民"壹之农"，因为农是战的基础，兴农才可以强兵。

"壹之农"必须抑止"浮学事淫之民"。《农战》篇说："夫民之不可用也，见言谈游士事君之可以尊身也，商贾之可以富家也，技艺之足以糊口也。民见此三者便且利也，则必避农。避农则民轻其居，轻其居则必不为上守战也。"在商鞅学派看来，"农战"之外的学问是"浮学"，"农战"之外的工商是"淫业"。如果崇尚言谈游说，不压抑工商业，人民就会选择这样既轻松又有利的进身、谋生之路，从而逃避农业——此为"贫国弱兵之教"。要"富国强兵"，就必须"壹之农"；"壹之农"就必须贬斥言谈游说，压抑工商业。

《外内》篇说："民之内事莫苦于农，故轻治不可以使之。奚谓轻治？其农贫而商富……末事不禁则技巧之人利，而游食者众之谓也。故农之用力最苦，而赢利少，不如商贾、技巧之人。苟能令商贾、技巧之人无繁，则欲国之无富，不可得也。故曰：欲农富其国者，境内之食必贵，而不农之征必多，市利之租必重。……故为国者……市利尽归于

---

① 高亨《商君书注译》："纷疑当作纯"，"纯纯，诚恳也"。

农……市利归于农者富。"这就是说，由于农业用力最苦，而赢利不如商业和手工业多，所以要发展农业不能靠农业同工商业自由竞争，而必须靠国家提高粮食价格，加重工商业的徭役、赋税等负担，造成"市利尽归于农"的经济形势。重农就必须压抑工商；农业发展了，国家就必然富强。

《去强》篇在讲到农、官、商三者的关系时说："农少商多，贵人（官吏）贫、商贫、农贫。三官（三种职业）贫，（国）必削。"反之，农多商少则国富，"国富者强"。在讲到粮食和金钱的关系时，《去强》篇说："国好生金于竟（境）内，则金粟两死，仓府两虚，国弱；国好生粟于竟（境）内，则金粟两生，仓府两实，国强。"意思是说，如果国家喜好金钱，把粮食输出于境外，不仅粮食减少了，而且谷贱伤农，农业减产，金钱也就减少了，这样粮仓和金库都空虚，国家也就贫弱；如果国家重视农业，不仅粮食增产，而且粮多可以换钱，这样粮仓和金库都充实，国家也就富强。结论是：粮食比金钱更重要，只有重视农业，才能"仓府两实"，国家富强。

《靳令》篇说："物多末众，农弛奸胜，则国必削"；"民泽（择）毕农则国富"。"物多"是指华丽玩好的器物多，"末众"是指从事商业和手工业的人众。如果这样，农业废弛了，"奸人"取得了胜利，国家就必定削弱。反之，压抑工商，限制浮华器物的生产和流通，也不给言谈游说的人官做，使人民的择业只有务农一条路，国家就会富强。

《壹言》篇也说："能事本而禁末者富"；"治国者贵民壹，民壹则朴，朴则农，农则易勤，勤则富"。"事本"即从事农业，"禁末"即抑制工商业；"贵民壹"就是要使人民的努力方向专一，"圣人之立法、化俗，而使民朝夕从事于农也"。《壹言》篇还提出"抟力"和"杀力"的理论："其抟力也，以富国强兵也；其杀力也，以事（剚，刺杀）敌劝民也。……抟力以壹务也，杀力以攻敌也。"可见，其"抟力"就是使人民专一于务农，在经济上蓄积实力，"富国强兵"；其"杀力"就是要把蓄积的实力用于对外战争。由此更可以看出，商鞅学派尚力的基点是首先发展农业经济，兴农而富国，富国而强兵；国富、兵强才能在对外战争中取胜。

《错法》篇说："同列而相臣妾者，贫富之谓也；同实而相并兼者，强弱之谓也。"这正是战国时期人与人之间、国与国之间的关系发生变化的一种写照：原来地位相等的人而现在有的做了别人的奴婢，这是贫富不同造成的；原来土地和人民相等的国家而现在有的被别国所兼并，这是强弱不同造成的。战国时期确实是"争于气力"的时期，也就是争于贫富、强弱势力削长的时期，人与人之间是如此，国与国之间更是如此。在这种形势下，商鞅学派尚力，以兴农为本而富国强兵，确实是抓住了"强秦"或"强国"的关键。

商鞅学派的重农思想与儒家的部分思想相契合。《论语·颜渊》篇载："子贡问政，子曰：'足食，足兵，民信之矣。'子贡曰：'必不得已而去，于斯三者何先？'曰：'去兵。'子贡曰：'必不得已而去，于斯二者何先？'曰：'去食。自古皆有死，民无信不立。'"孔子把"足食、足兵、民信之"作为治国的三个要素。如果不得已而去掉其中一个，那么"去兵"；可见孔子认为发展农业比加强军备更重要，这一点与商鞅学派以兴农为本而富国强兵的思想有一致处。但如果不得已在"足食"和"民信之"两个里再去掉一个，那么"去食"；也就是说德、信比发展农业更重要，这是儒家最根本的尚德思想，而商鞅学派则"任力不任德"，兴农就已经是最根本的了。

孟子也有重农的思想，他曾向齐宣王描述了一幅"五亩之宅，树之以桑……鸡豚狗彘之畜，无失其时……百亩之田，勿夺其时……老者衣帛食肉，黎民不饥不寒"，然后"谨庠序之教，申之以孝悌之义"，通过"仁政"而成就王业的画面（《孟子·梁惠王上》）。孟子重农，为的是先使民得到温饱，"然后驱而之善也轻"（《孟子·梁惠王上》），也就是说，通过兴农而富民，通过富民而尚德。这与商鞅学派通过兴农而富国，通过富国而强兵，在起点上一样，而在目的上大不相同。另外，孟子重农有一定的原则，即"夫仁政必自经界始"（《孟子·滕文公上》），也就是要恢复西周时期的井田制。这与商鞅学派重农始于"垦草"，继而"为田开阡陌封疆"，更是针锋相对。孟子说："善战者服上刑……辟草莱、任土地者次之。"(《孟子·离娄上》)这是直接针对着商鞅学派和其他法家、兵家人物而发。孟子的这种态度,无疑会大大激化儒法之间的矛盾。

商鞅学派以农为本,以工商为末,重农抑商,这作为当时的一种战时的经济政策是无可非议的。农业用力最苦,而赢利微薄,为了不致如《慎法》篇所说"食屈于内",国家运用一定的经济、政治手段,维持农、工、商从业人员的正常比例,这也不失为上策。但如商鞅学派所为,非欲造成"百人农一人居"、使民择业尽在于农的形势,这样摧残工商业的发展,势必阻碍科技的进步,束缚生产力水平的提高。遗憾的是,以农为本,以工商为末,重农抑商,这在中国古代一直是被普遍接受和贯彻执行的经济思想。直到明清之际,黄宗羲才提出"工商皆本"的新论(《明夷待访录·财计三》),但在当时也没有得到多少人的响应。鸦片战争以后,在饱尝了帝国主义列强"船坚炮利"和"商战"的苦头以后,工商业才在新的"富国强兵"的呼唤下受到重视。

第二节 兴农的政治措施

商鞅学派兴农为的是"富国"之经济目的和"强兵"之政治目的,而其兴农的措施、手段亦可分为经济的和政治的。兹先述其政治方面的措施。

(1)制定户籍、连坐、告奸法,禁止人民擅自迁徙。商鞅第一次变法除首先颁布"垦草令"外,将"令民为什伍,而相牧司连坐","不告奸者腰斩"等法令放在重要的位置。在商鞅所作的《垦令》篇中也有"使民无得擅徙""废逆旅""重刑而连其罪"等内容。《垦令》篇说:"使民无得擅徙",那些愚昧而又不安心务农的人就不能跑到别处去吃饭，于是不得不务农；这些人务农了，其他的农民也就心静了，"则草必垦矣"。"废逆旅"即禁止开设旅馆，这一条虽可能没有普遍执行，但肯定对开设旅馆采取了严格限制，其目的是使那些奸伪、惑农之民不能远行，开旅馆的人也不得不改行去种地。"重刑而连其罪"，实行告奸法，是使奸民不敢斗殴、争讼、游荡、奢侈、欺骗，人人互相监督，家家户户安心务农。建立以"什伍"为单位的编户组织，"举民众口数，生者著，死者削"，一方面是便于征兵，更主要是使"民不逃粟"，国家按人口和田亩征收粮税。

（2）制定家庭离异法，推行一夫一妻式小家庭。此项在第一次变法时采取了课以重税的经济手段，第二次变法则明令禁止"父子兄弟同室内息"。男耕女织、一夫一妻式小家庭是适应小农经济的发展，有利于调动农业生产积极性的一种家庭形式和生产单位。

（3）将从事工商业以及因懒惰而致贫者没入官府为奴。这是对工商业者雪上加霜，即除施以经济手段使其破产外，再加以政治上的打击，目的是加速工商业者向农业人口的转化，并且制造一批新的奴隶用以奖励军功。

（4）统一县制，颁明法律，整饬吏风，禁止官吏法外施奸、欺农和扰农。在秦国普遍建立县制，是商鞅第二次变法时所施行，其主要意义在于加强君主集权；但最初的设想在《垦令》篇已经提出了，即"百县之治一形"，其直接的目的是统一政令，加强对官吏的管理，裁减冗员，以利于垦草兴农。《垦令》篇说：各县的政治制度都是一个形态，则人人遵从，邪僻的官吏不敢玩弄花样，接替的官吏不敢变更制度，有过失的官吏不能掩饰其非，"官无邪则民不敖（遨）"，"官属少而民不劳""征不烦"，"则草必垦矣"。在《垦令》篇中，还有"无宿治（不拖延政务），则邪官不及为私利于民"，"国之大臣诸大夫，博闻、辩慧、游居之事皆无得为，无得居游于百县"，"令军市无有女子"等内容，也是要加强对官吏的管理，整饬吏风，以利于兴农。《定分》篇在关于"明法"的论述中提出"有敢剟定法令、损益一字以上，罪死无赦"，"吏不敢以非法遇民"，表现了与上述同样的思想。

（5）取消贵族世袭特权，禁止豪门私自雇工。商鞅第一次变法颁布"宗室非有军功论，不得为属籍"的法令，这是废除世卿世禄制的重要措施。在《垦令》篇中，商鞅提出"均出余子之使令，以世〔册〕使之，又高其解舍"，"以其食口之数，贱（赋）而重使之"，即按照户籍所载贵族子弟和食客的人数征收人口税，并加重他们的徭役，提高解免赋税和徭役的条件。贵族子弟不能逃避赋税和徭役，想做大官又没有必得之路，就不会去从事游说，依附权贵；在贵族家寄食的"辟淫游惰之民"，也会因主人养不起他们而丢掉饭碗。从而，这两部分人都得去务农。《垦令》篇还有"无得取庸"，即禁止贵族豪门私自雇工修建房舍或代耕，使贵族子弟不得不自己去劳动，受雇的佣工没有了吃饭的地方也必然去务农。

（6）因功授爵，以粮捐官。商鞅在《垦令》篇提出"无以外权爵任与官，则民不贵学问，又不贱农"。在第一次变法时，颁布了"有军功者各以率受上爵"的法令。在可能是商鞅自作的《修权》篇中有："授官予爵，不以其劳，则忠臣不进；行赏赋禄，不称其功，则战士不用。"这些都是重视新官制的建设，贬斥学问，崇尚军功，从而鼓励人民耕战的思想。商鞅在世时，可能没有提出和实行以粮捐官。在可能是商鞅自作的《外内》篇中有"欲农富其国者，境内之食必贵"，"市利尽归于农"的思想；在商鞅第一次变法时颁布了"僇力本业，耕织致粟帛多者复其身"的法令。这两项都是用经济手段来鼓励人民务农。

《修权》篇所谓"授官予爵，不以其劳，则忠臣不进"，其中的"劳"当是指一般意义上的功劳或劳绩，而不是特指农业劳动，以粮捐官的富人不应称为"忠臣"。但在商鞅后学所作的《农战》《去强》《说民》《弱民》《靳令》等篇中确有以粮捐官的思想。《农战》篇说："凡人主之所以劝民者，官爵也。……善为国者，其教民也皆作壹而得官爵……"《农战》篇所谓"作壹"，宽的意义上是指壹之于农战，窄的意义上是指"壹之农"。因此，"作壹而得官爵"包含有务农致富而可以得官爵的意思。《去强》篇明确提出："兴兵而伐，则武爵武任，必胜；按兵而农，粟爵粟任，则国富。""粟爵粟任"就是按照人们捐粮的多少给他们爵位和官职,也就是以粮捐官。《去强》篇还说:"贫者使以刑则富,富者使以赏则贫,治国能令贫者富、富者贫,则国多力,多力者王。"《说民》篇有与此相类似的一段话。所谓"贫者使以刑则富",就是说用刑罚强迫穷人去劳动,这样他们就能致富;所谓"富者使以赏则贫",就是说用授官予爵的办法鼓励富人捐献粮食,这样他们就穷了。《弱民》篇说:"民富而不用,则使民以食出〔爵〕,各必有力,则农不偷。"《靳令》篇也说:"民有余粮,使民以粟出爵,官爵必以其力,则农不怠。"这些都说明,以粮捐官是商鞅后学所重视的一项兴农措施。

（7）实行对思想文化的严格控制。在《垦令》篇中,商鞅提出:"声服（技）无通于百县",即禁止音乐、杂技等到各县去演出;还提出大臣不可行"博闻、辩慧、游居之事","无得居游于百县"。这样,农民就接触不到奇谈异能,精神不他顾,从而一个心思务农。在商鞅后学所作各篇,更有大量对杜绝"国害"（主要是儒家典籍和道德条目）的论述,详见本书第十一章。

第三节　兴农的经济措施

农业是由众多劳动者参加的最广泛的经济活动。除政治措施外,运用经济手段兴农亦为商鞅学派所十分看重。

（1）"僇力本业,耕织致粟帛多者复其身",即努力从事农业,勤耕勤织获丰产者可免除徭役。这是商鞅第一次变法时实行的奖励措施。

（2）"开阡陌封疆",废除井田制,实行土地私有,民得买卖。这是商鞅第二次变法时在生产关系领域实行的重大改革。由于拆除了原来较宽的田界,所以用于实际耕种的土地面积也有所增加。

（3）均平赋税,统一度量衡。这也是商鞅第二次变法时所重点施行的。统一度量衡是均平赋税以及按统一标准"行赏赋禄"的必要条件之一。均平赋税是指计亩收税和按人口收税。在《垦令》篇中，商鞅就提出"訾粟而税"，即计算出田亩产量的多少来确定征收地税的数额。实行户籍法，"举民众口数，生者著，死者削"，使"民不逃粟"，主要是指按人口收税。除赋税外，国家还按人口征派徭役。《垦令》篇有"以商之口数使商，令之厮、舆、徒、重（童）者必当名"，即按照商人家里的人口包括其奴仆的数量征派徭役；对贵族则"以其食口之数，贱（赋）而重使之"，即按照贵族家里的人口包括其食客的数量征收人口税，并加重他们的徭役。对一般农民实行均平赋税，但在第一次变法时为推行一夫一妻式小家庭，曾提出对两个男丁以上而不分异的家庭征收双倍的赋税。

（4）"境内之食必贵"，即提高粮食价格。《外内》篇说："食贵则田者利，田者利则事者众；食贵则籴者不利，而又加重征，则民不得无去其商贾技巧而事地利矣。"这是用价格手段造成"市利尽归于农"的经济形势，鼓励农民生产，并促使商业和手工业者向农业人口转化。

（5）"不农之征必多，市利之租必重"，即加重工商业的徭役和赋税。这是《外内》篇所提造成"市利尽归于农"经济形势的另外一方面。《垦令》篇有"重关市之赋"，即加重关市的商品税，使经商无利可图，农民不愿意经商，商人对自己的职业产生"疑惰之心"，从而转向农耕。

（6）"使商无得籴〔粜〕，农无得粜〔籴〕"，即不许商人卖粮，也不许农民买粮。《垦令》篇说：农民不得买粮，懒惰的农民就会努力耕作；商人不得卖粮，就不会在丰年贱购、灾年贵销而得利。根据这条措施，粮食将由国家统购统销，农民则不在吃商品粮之列。

（7）"壹山泽"，即由国家垄断山泽之利，禁止私自采矿、冶铁、捕鱼、贩盐等等。这样，靠山泽之利为生的人就不得不去务农。

（8）"贵酒肉之价，重其租，令十倍其朴"，即对经营酒肉收取十倍其成本的重税，以提高酒肉价格。这样，经营酒肉的商人减少了，粮食不致浪费，农民也不会因耽酒而误农事。

（9）"令送粮无取僦，无得反庸"，即运送公粮不得雇别人的车，返回时也不许揽载别人的货物。这样，运送公粮就往来迅速，不致妨害农事。实际上，这是禁止私人从事运输业。

（10）"算地""徕民"，即计算土地，招徕远民。《算地》篇和《徕民》篇是商鞅后学所作，这两篇都根据秦国"地广而民少"的状况，提出了以经济上的优惠而招徕远民的政策。《算地》篇说："地狭而民众者，民胜其地；地广而民少者，地胜其民。……地胜其民者事徕。"《算地》篇和《徕民》篇给出的土地与人口的正常比例是：在方百里的土地中，山林占十分之一，湖泽占十分之一，河涧流水占十分之一，城市村庄道路占十分之一，坏田占十分之二，好田占十分之四；这样的土地应当居养农夫五万人，出战士一万人。据《徕民》篇，当时秦国的土地有五千方里，而耕种面积不足十分之二，田数不满百万亩；也就是说，按坏田和好田应合占土地十分之六的比例计算，秦国还有十分之四亦即近二百万亩土地（井田旧制一方里合九百亩）应当开垦。《徕民》篇分析了秦国是地广人稀，而三晋是土狭民众，因此向秦王建议：用给予田宅、免除三世的赋税徭役，招徕三晋之民到秦国垦荒种地；这样，秦国就可以用新来的移民从事生产，用故有的人民从事战争，这是"富、强两成之效"。"徕民"措施就是用经济优惠手段争夺农业劳动力的措施，它有利于秦国农业的发展、兵员的扩充，加速了秦统一中国的进程。

第十章　商鞅学派的军事思想

第一节　兵为强国之要

　　吴起在楚国变法，贯彻了"要在强兵"的思想，这一思想被商鞅所继承。商鞅的"强国之术"最终要落实到强兵上：兴农为的是富国，富国为的是强兵；农是战的基础，战是农的目标。在经济上，商鞅学派是重农主义；在政治上，商鞅学派是军国主义。

　　商鞅第一次变法，颁布了"有军功者各以率受上爵"，"宗室非有军功论，不得为属籍"，"有功者显荣，无功者虽富无所芬华"等法令，突出地表现了鼓励征战的特色。在第一次变法取得成效后，商鞅亲率大军东征魏之元里，斩敌首级七千，并乘势攻取少梁。在迁都咸阳前，商鞅又率军强渡黄河，兵围魏国旧都安邑，迫使守军投降。在第二次变法取得成效后，商鞅乘魏国遭马陵之败，大举攻魏，诈虏公子卬，败魏三军，收复河西战略要地。商鞅的政绩武功充分显示了其以兴农为本，以强兵为要的思想。如果说兴农和强兵是商鞅变法的车之两轮，那么这两轮所推动的就是一辆用于攻伐的战车。

　　现传《商君书》中的《垦令》篇和《境内》篇是商鞅所自作。《垦令》篇以兴农为中心，《境内》篇则以强兵为要旨，其中对秦国军队的组织建设、赏罚制度、攻战部署等有较详细的说明。据《汉书·艺文志》，商鞅有兵法著作二十七篇，现已失传。《荀子·议兵》篇和《汉书·刑法志》都说商鞅善于用兵。现传《商君书》中的《战法》《立本》《兵守》三篇是专讲军事的论文，可能是商鞅所自作。这些都可以说明商鞅对战争的重视。

《外内》篇也可能是商鞅所自作，其中说："民之外事莫难于战""民之内事莫苦于农"。"故为国者，边利尽归于兵，市利尽归于农。边利归于兵者强，市利归于农者富。故出战而强、入休而富者王也。"我们由此可以清楚地看出商鞅或商鞅学派的治国要略：对内兴农以致富，对外用兵以致强，内富外强则成帝王之业。

《算地》篇与《外内》篇的思想一致。其中说："为国之数，务在垦草；用兵之道，务在壹赏。""故圣人之为国也，入令民以属农，出令民以计战。……利出于地则民尽力，名出于战则民致死。入使民尽力则草不荒，出使民致死则胜敌。胜敌而草不荒，富强之功可坐而致也。"商鞅学派从总体上说，都重视"农战"；但在农与战之间，又有更加侧重哪一方面的思想差异。《算地》篇与《外内》篇代表了《商君书》中内农与外战并重的思想。

《农战》篇以"农战"并提，也可以说是农战并重。但其归结的要点为："圣人知治国之要，故令民归心于农"，"惟圣人之知国作壹，抟之于农而已矣"。《农战》篇代表了《商君书》中更重视以农为基本的一种观点。

《去强》篇将对外战争与清除国内政治的毒素联系起来，提出了强国必须用兵于外才能继续保持强盛的观点。其文云："国强而不战，毒输于内，礼乐虱官生，必削；国遂战，毒输于敌，国无礼乐虱官，必强。"这实际上是在秦国经过商鞅变法而获致经济上富强之后，大力鼓吹对外战争的一种观点。所谓"国强而不战，毒输于内，礼乐虱官生"，是指经济上富强后，文官政治的发展，以及对物质生活和精神文明的讲求等等。《去强》篇认为，这些是使国势削弱的毒素；只有不断地对外用兵，才能抑制毒素，保持国家的强盛。《去强》篇还说："强之，重削；弱之，重强。"意思是说，使人民强大，国家就削而又削；使人民怯弱，国家就强而又强。因此，《去强》篇提出了强国而弱民的政策；

鼓吹不断地对外用兵,就是强国而弱民政策的体现。这实际上是一条敌视人民、敌视文官政治的军国主义路线。

《靳令》篇有一段与《去强》篇相类似的论述:"国贫而务战,毒生于敌,无六虱,必强;国富而不战,偷生于内,有六虱,必弱。"这就是说,国富必须进行战争,国贫也同样要进行战争。这显然是一种更加好战的观点。

《壹言》篇提出国家要"抟民力而壹民务",使民"喜农而乐战"。这是农战并重的思想。但《壹言》篇同时又提出"抟力"和"杀力"的理论。"抟力"是集中人民的力量,"以富国强兵";"杀力"是消耗人民的力量,"以事(制)敌劝民"。《壹言》篇说:"力多而不攻,则有奸虱。故抟力以壹务也,杀力以攻敌也。……故能抟力而不能用者必乱,能杀力而不能抟者必亡。故明君知齐(剂)二者,其国必强;不知齐二者,其国削。"这就是说,国家一方面要集中人民的力量(聚集人民的劳动成果,形成国家的经济实力),另一方面又要把这些力量在对外战争中消耗掉。只"抟力"而不"杀力",国家就会有内乱;只"杀力"而不"抟力",国家就会败亡;只有保持"抟力"和"杀力"的平衡,国家才会强大。

《说民》篇也从同样的角度为战争的必要性作论证:"力多而不用则志穷,志穷则有私,有私则有弱。[①]故能生力不能杀力,曰自攻之国,必削。故曰:王者国不蓄力,家不积粟。国不蓄力,下用也;家不积粟,上藏也。""上藏"就是国家把人民劳动的成果征收、聚集起来,也就是"生力"或"抟力";"下用"就是国家把积蓄的实力消耗于对外战争,也就是"杀力"。这些论述都鲜明地表现了商鞅学派"富国强兵"的真实目的:"富国"不是富民,而是积蓄力量用于对外战争;战争不仅是在战场上胜敌,而且是在内政上"胜民"。

商鞅学派的重战和好战思想更鲜明地表现在《画策》篇和《赏刑》篇。《画策》篇说:"圣王见王之致于兵也,故举国而责之于兵。入其国,观其治,兵用者强。……能使民乐战者王。"怎样才能知道人民乐

---

① 陶鸿庆《读诸子札记》:"有弱之有,涉上文而衍。"《中华书局》1959年版,第410页。

于从事战争呢？那就是"民之见战也，如饿狼之见肉也"。在父送子、兄送弟、妻送夫上战场时，都说："不得，无返！"（不得敌人首级，就不要回来！）"失法离令，若死我死。乡治之。行间无所逃，迁徙无所入。"（违犯法令，你死，我也死。本乡的官吏会治我们的罪。你在军队中无法可逃，我们在家里也无处可走）这样，三军将士就会"从令如流，死而不旋踵"。《赏刑》篇说："所谓壹赏者，利禄官爵抟（专）出于兵，无有异施也。""所谓壹教者……富贵之门，要存战而已矣。……富贵之门，必出于兵。是故民闻战而相贺也，起居饮食所歌谣者，战也。"通过"壹赏""壹教"和严酷的军法惩治、家属株连，商鞅学派要使人民都成为凶残的、狂热的好战分子。

重视"农战"，奖励军功，是商鞅本人的思想；但如《画策》篇所说"举国而责之于兵"，则是商鞅后学在"农战"中越来越偏重于"战"的一种发展倾向。这与商鞅变法以后，秦国已经积蓄了比较充足的经济实力，而兼并战争越来越紧迫、激烈的形势发展有关。通过战争达到外胜强敌、内胜人民的双重目的，则与商鞅学派所代表的统治阶级的本性有关。

《画策》篇在总结历史上的成败兴亡时说："名尊地广，以至王者，何故？〔战胜者也〕名卑地削，以至亡者，何故？战罢（敝，败）者也。不胜而王，不败而亡者，自古及今，未尝有也。"这既是对历史经验的总结，更是对战国时期政治、军事形势的现实反映。商鞅学派的重战思想，依于历史，更生于现实。

第二节　用兵必先立本

商鞅是法家兼兵家，用现在的话说，就是政治家兼军事家。商鞅的军事思想是以其政治思想为基础的。商鞅所撰二十七篇兵书，因已失传,我们不能得其梗概。从现存《商君书》中的《战法》《立本》两篇军事论文看,作者首先强调的是用兵必先"立本":"凡战法必本于政胜",即战争的策略必须以国内政治上的胜利为根本。可以说,这是商鞅学派的军事思想不同于一般兵家思想的突出特点。

《战法》篇说:如果两军兵力强弱相等,那么"将贤则胜,将不如则败";如果一方"政出庙算",即在政治上胜过另一方,那么"将贤亦胜,将不如亦胜"。所谓"政胜",就是人民都服从君主的命令,国家富强,这样,军队就能打胜仗;长期做到这一点,就能成就王业。

《立本》篇说:"凡用兵,胜有三等",即大凡用兵取胜都有三个步骤:一是建立法度,二是在此法度下养成重视农战的风俗,三是在此风俗下储备战争的物资。这三项是用兵之本,"必行于境内,而后兵可出也"。如果单纯依靠兵力众多,或器具精良,或大臣谋略,那么士兵就要失败遭擒了。强国必须坚定人民的斗志,人民有斗志才肯尽力作战,人民尽力作战才能无往不胜、"无敌于海内"。国君的法令能得到贯彻执行,才能够积累财富;积累了财富,才能够对有战功者施以重赏;赏赐出于一途,爵位才尊贵;爵位尊贵,赏赐才能起到引导人民进行战争的目的。《立本》篇对政治、经济、军事三者之关系的看法是:"强者必治,治者必强;富者必治,治者必富;强者必富,富者必强。"政治上的成功——经济上的富有——军事上的强大,这三方面是相互连带的依赖关系。如果把《立本》篇的思想同商鞅的变法实践相比照,那么二者是相对应的。商鞅变法正是从依靠君主的权威颁明法令开始,推行重农重战的政策,运用赏罚养成人民重农重战的风俗,使国富而兵强,然后进行对外战争。

具体地说,商鞅及其学派的强兵立本措施有以下几个方面:

(1)明法。《战法》《立本》两篇将"政胜""错(措)法"作为用兵的基本前提。"政胜"即国内政治上的胜利,亦即《画策》篇所说"能胜强敌者,必先胜其民者也"。"胜其民",使"民服而听上",必须明法或"措法"。《画策》篇说:"胜民之本在制民……其孰能制之?民本,法也。""民本"是指胜民之本,或制民之本。《画策》篇又说:"为必治之政，战必勇之民，行必听之令，是以兵出而无敌，令行而天下服从。"所谓"为必治之政，战必勇之民，行必听之令"，都要靠君主颁明法令。因此，《画策》篇说："圣王者不贵义而贵法，法必明，令必行则已矣。"商鞅变法自始至终贯彻了依靠法令而富国强兵的思想。兵强有赖于国富，国富和兵强皆有赖于明法。

（2）兴农。《农战》篇说："明君修政作壹……壹之农，然后国家可富，而民力可抟也。"兴农为的是国富，国富便可蓄积战争的实力，并且为重赏有战功者提供条件。《去强》篇说："国好力，日以难攻；国好言，日以易攻。"《靳令》篇说："以力攻者，出一取十；以言攻者，出十亡百。"战争不是言辞的巧辩，而是实力的较量，攻防都需要以实力为基础；尚力就必须富国，富国就必须兴农。另外，兴农为的是使"民朴""易使"。《农战》篇说："圣人知治国之要，故令民归心于农。归心于农，则民朴而可正也，纷纷（纯纯）则易使也，信可以守战也。壹则少诈而重居，壹则可以赏罚进也，壹则可以外用也。"这就是说，兴农不仅可以储足战争所用的物资，而且可以使人民形成朴实、诚信、少诈、重居、易使等战争所需的心理素质。

（3）壹赏。《赏刑》篇说："壹赏则兵无敌。"《算地》篇也说："用兵之道，务在壹赏。……私赏禁于下，则民力抟于敌，抟于敌则胜。""壹赏"就是严格执行军功授爵制，无军功者不得法外受"私赏"。商鞅第一次变法时颁明了"有军功者各以率受上爵"的法令。在《境内》篇，商鞅对授爵行赏和晋升的标准做了详细的规定，如："能得甲首一者，赏爵一级，益田一顷，益宅九亩，一除庶子一人，乃得人（入）兵官之吏"（能斩得敌兵一颗首级者，赏其爵位一级，田地一顷，住宅地九亩，"庶子"一人，可在军队或衙门里做官）；"百将、屯长……得三十三首以上，盈论，百将、屯长赐爵一级"（百将、屯长斩得敌兵首级三十三颗以上，就达到了朝廷所规定的数目，可晋升一级）等等。《外内》篇说："民见战赏之多则忘死。"《君臣》篇说："凡民之所疾战不避死者，以求爵禄也。明君之治国也，士有斩首捕虏之功，必其爵足荣也，禄足食也。"将"爵禄"视为强兵之决定性因素或强兵之实质，《错法》

篇有更为明确的表述："行赏而民强者，爵禄之谓也。爵禄者，兵之实也。……故爵禄之所道，存亡之机也。""夫民力尽而爵随之，功立而赏随之，人君能使其民信于此如明日月，则兵无敌矣。"除了直接赏赐爵禄外，商鞅还制定了对战死烈士的旌表制度和军功继承制度，如《境内》篇载：从士卒到军官，凡战死者，其所获爵位每高一级，他的坟上就多种一棵树；参加敢死队的士卒如战死，其家属一人可继承他的爵位。在高官厚禄的引诱下，人民就养成好战的习俗，"闻战而相贺"，见战"如饿狼之见肉"。

（4）严刑。严刑一方面是安内，即强化国内的社会治安；另一方面是攘外，即驱迫人民对外作战。在《垦令》篇，商鞅提出"重刑而连其罪"，这既是兴农所必需，又是强兵所必要。商鞅在颁布"有军功者各以率受上爵"的同时连带地颁布了"为私斗者各以轻重被刑大小"。禁止私斗显然具有维持国内安定、促成一致对外的军事目的。《战法》篇将这一点看得极为重要，其文云："凡战法必本于政胜，〔政胜〕则其民不争，不争则无以私意。以上为意。故王者之政，使民怯于邑斗，而勇于寇战。"《史记·商君列传》在讲到商鞅变法所取得的成效时也说："民勇于公战，怯于私斗，乡邑大治。"这就是说，当时秦国已经在战略上具有了"政胜"的根本。《画策》篇说："兵弱者，民多私勇。"又说："民勇者战胜，民不勇者战败。能壹民于战者，民勇；不能壹民于战者，民不勇。"显然，要强兵就必须禁止私勇，同时又必须统一人民的意志，造成"勇于寇战"的公勇。严刑一方面是禁止私勇，使人民"怯于私斗"；另一方面是胁迫人民，造成不得不"勇于寇战"的强大压力。《外内》篇说：人民"见不战之辱则苦生"，也就是对怯战、逃战者施以严刑，使其生不如死；这样，他们就不得不去勇敢作战。《去强》篇说："怯民使以刑必勇"；《慎法》篇说："避害者，非战不免"。造成避战不能避刑、非战不足以避害的形势，怯民也就必然有了作战的勇气。在《境内》篇，商鞅规定：作战时五个士兵为一伍，其中有一人逃跑，就加刑于其余四人；四人中有能获敌人一颗首级者，方可免受刑罚。围攻敌城时，如有士兵怯战退避，就在众兵围观下对其施以刺面、割鼻的刑罚。据《画策》篇，除对士兵实行军伍连坐外，还要株连士兵的家属。军法之严酷可谓至极！

（5）壹教。从广义上说，"壹教"包括赏罚。据《农战》篇"君修赏罚以辅壹教，是以其教有所常而政有成也"，然则"壹教"还有相对独立于赏罚的特殊意义。《农战》篇所谓"壹教"，主要是指压制工商业者和言谈游说之士，而"壹之农"。《赏刑》篇将"壹教"与"壹赏""壹刑"并列，其所谓"壹教"是指压制博闻、辩慧、信廉、礼乐等等，使人民都认识到"务之所加，存战而已矣"。"故当壮者务于战，老弱者务于守，死者不悔，生者务劝，此臣之所谓壹教也。""壹教"从正面讲是"壹之农"，或"举国责之于兵"，从反面讲是排斥农战之外的行业和学说。《去强》篇把后一方面看得极为重要，其文云："国有十者（《诗》、《书》、礼、乐等），上无使战，必削至亡；国无十者，上有使战，必兴至王。……国用《诗》、《书》、礼、乐、孝、弟、善、修治者，敌至必削国，不至必贫；国不用八者治，敌不敢至，虽至必却，兴兵而伐必取，取必能有之，按兵而不攻必富。"显然，对不利于农战的学说，尤其是儒家学说，实行严格抵制，这也是商鞅学派强兵立本的重要内容。

（6）户籍。在《境内》篇这一专讲军队制度的文章中，商鞅说："四境之内，丈夫女子皆有名于上，生者著，死者削。"显然，户籍法不仅是为了"民不逃粟"，而且是为了贯彻兵役法。使民不逃战。据《算地》篇和《徕民》篇，方百里的土地可养农夫五万人，"出战卒万人者，数小也"。这就是说，商鞅学派认为，抽取五分之一的农夫去服兵役，这个比例是小的。秦国的特点是"地广而民少"，兵员缺乏。因此，秦国实际服兵役的比例远不止五分之一。据马端临《文献通考·户口一》载："秦用商鞅之法，月为更卒，已复为正，一岁屯戍，一岁力役，三十倍于古。"《文献通考·兵一》载："秦孝公用商鞅……以秦地旷而人寡，晋地狭而人稠，诱三晋之人耕秦地，优其田宅，而使秦人应敌于外。大率百人则五十人为农，五十人习战。凡民年二十二，附之畴官，给郡县一月而更，谓卒；给中都一岁，谓正卒；复屯边一岁，谓戍卒。"可见，当时秦国的兵员分为驻守地方的更卒、驻守都城的正卒和在前方打仗的戍卒，凡二十二岁以上的成年男子都有服兵役的义务，其比例约占劳力的二分之一。除兵役外，还有运送军粮、修筑战争工事等等的力役。在户籍法、兵役法的控制下，整个秦国实际上成为一部战争机器。

第三节 谋略与战法

《荀子·议兵》篇和《汉书·刑法志》将商鞅与田单、庄跻、缪蚁、孙武、孙膑、吴起等人并列，说他们是"善用兵者"，"皆禽（擒）敌立胜，垂著篇籍"。如果商鞅所作的二十七篇兵书不失传的话，我们定会从中看到丰富、精彩的战略战术思想。可惜，我们现在只能据商鞅的战绩和《商君书》中一些零星的记载来略述其用兵的谋略和战法。

商鞅几度用兵，都是直接攻魏。公元前354年，秦派公子壮率师侵韩，也是避开韩国的腹地而攻占与魏邻近的地区，威逼魏都大梁。公元前342年，商鞅劝秦孝公大举攻魏，说"秦之与魏，譬若人有腹心之疾，非魏并秦，秦即并魏"；如果迫使魏国东徙，则"秦据河山之固，东向以制诸侯，此帝王之大业也"。我们由此可以看出，商鞅善于在军事上抓住主要矛盾，不搞四面出击，而是集中兵力进攻首要之敌，通过胜魏而取得"东向以制诸侯"的战略全局优势。这与魏冉专权时期"越韩、魏而东伐齐"形成鲜明的对照。"远交而近攻"的策略是由范雎明确提出的，但这一思想在商鞅的战绩中已有实际的体现。

商鞅几度攻魏，都是在魏与赵、韩、齐等国交战之际或败军之后，乘魏国西部防线兵力空虚之机而大举进攻。这说明商鞅善于在军事上利用矛盾，审慎地观察战局，知己知彼，捕捉我强敌弱的战机。《战法》篇说："兵起而程敌，政不若者勿与战；食不若者勿与久；敌众勿为客；敌尽不如，击之勿疑。故曰：兵大律在谨，论敌察众，则胜负可先知也。"意思是：兴兵打仗先要衡量敌国的强弱，我方在政治上比不过敌国，就不要和它交战；我方的粮食不如敌国多，就不要和它久战相持；敌众我寡，我方就不要做进攻的客军；敌国在政治、粮食、兵力各方面都不如我方强，我们就毫不犹豫地向它进攻。所以说：用兵的重大法则在于谨慎，研究敌情，考察双方兵力的多少，这样，胜负是可以预先知道的。显然，商鞅攻魏屡战屡胜，就是由于贯彻了这一用兵的"大律"。

商鞅用兵之谨慎和多谋还表现在巧妙地运用外交手段上。当魏惠王挟十二诸侯国会盟之威而图谋伐秦时，商鞅采取缓争霸、晚称王的策略，运用外交手段，游说魏惠王，诱其先行打出王的旗号，离间魏与齐、楚等国的关系，从而酿成魏军的马陵惨败，使秦国得以乘机收复河西之地。这说明商鞅善于以外交手段辅助军事进攻。他出使魏国，游说魏惠王，实已开战国策士"连横"运动的先河。

商鞅诈俘公子卬，使魏军失去统帅，从而全歼之。这固然有失政治家的风范，也有损商鞅的人格，但我们也可从中看出商鞅用兵多诈、破敌先擒帅的军事谋略。

《战法》篇说："王者之兵，胜而不骄，败而不怨。胜而不骄者，术明也；败而不怨者，知所失也。"这说明商鞅用兵主张胜不骄，败不馁，善于运用高明的战术克敌制胜，也善于总结失败的教训以利再战。

《战法》篇说："见敌如溃，溃而不止，则免。故兵法：大战胜，逐北无过十里；小战胜，逐北不过五里。"意思是说，对溃逃不止的敌兵不要穷追不舍。大战获胜，追击敌兵不要超过十里；小战获胜，追击敌兵不要超过五里。我们由此可以看出商鞅在胜利的情况下也不失谨慎，主张追兵有节，以免误中敌人的佯败设伏之计。

《战法》篇还说："其过失，无敌深入，偕（借）险绝塞，民倦且饥渴，而复遇疾，此其〔败〕道也。故将使民者（若）乘良马者，不可不齐（剂）也。"意思是说，用兵的失误是没有遇到敌兵阻击而深入敌境，背后是险地，横穿过敌兵要塞，士兵疲劳、饥渴，又染疾病，这是败军之道。所以，将官率兵就像乘骑良马一样，不可以不调剂它的力量。这是商鞅反对孤军深入险地，主张"有利有节"、有劳有逸的用兵之道。

《境内》篇说："其攻城围邑也，国司空訾其城之广厚之数。国尉分地，以徒校分积尺而攻之，为期……内通则积薪，积薪则燔柱。陷队之士，面十八人。……国尉分地，以中卒随之。将军为壹（台），与国正监，与正御史参望之。其先入者，举为最启；其后入者，举为最殿。其陷队也，尽其几（祈）者；几者不足，乃以欲级益之。"其意为：在围攻敌城时，掌管工事的国司空要测算敌城的宽厚。指挥军队的国尉要划定各队士兵攻打的地段，并限期攻克。穿透敌城后，就塞以杂柴焚烧。敢死队的战士，每队十八人，其后有中军士卒跟随。指挥官和监军在筑起的台上瞭望，以先攻入敌城者为首功。敢死队的组成，全用自愿申请的人；如人数不够，就用希望晋级的军官补充。这是一套详细的对围城攻坚战法的说明，我们由此可以看出商鞅重视对具体战法的研究，并且制定了一些战法细则。

《守战》篇主要论述了军队如何守城，可能是商鞅入秦之前所作。其中说：守城之军要依靠城内人民敢于赴死的力量。在城没有被攻破时，要以人民的"死力"同敌兵作战；如果城被攻破，则敌疲我逸，就以人民的"逸力"同疲惫的敌兵作战。守城的一方要组成三军，"壮男为一军，壮女为一军，男女之老弱者为一军"。壮男之军要严阵以拒敌；壮女之军要修筑工事，设置陷阱，坚壁清野；老弱之军要照管牧畜，收集粮草，供给军需。要严格命令三军不得相互往来，以免男人怜惜女人，壮者怜惜老弱，致使斗志涣散。这是一种全民动员、全民参战的人民战争思想，从战法上当然值得肯定；但其把老弱妇女推向战场，又严令三军不得相互往来，也表现了商鞅"胜敌"以"胜民"为先和"刻薄寡恩"的特点。

第十一章　商鞅学派的文化政策

第一节　单一的意识形态

商鞅学派的治国方策可谓简单而明确：以"农战"为核心，以集权和任法为手段，以"富国强兵"为目的，除此之外，概无他焉。在意识形态方面，商鞅学派主张"壹教"，也就是壹之于"农战"，凡与此无关或相抵触的，皆在排除、打击之列。商鞅学派可谓极其重视意识形态对政治、经济的反面作用，严防、严禁不利于"农战"的思想文化干扰其以"农战"为核心的治国方策，因此他们主张在意识形态领域实行"全面专政"。

在《垦令》篇提出的二十条垦草兴农措施中，有三条与意识形态有关。其一，"无以外权爵任与官，则民不贵学问，又不贱农。民不贵学问则愚，愚则无外交……"其二，"声服（技）无通于百县，则民行作不顾，休居不听。休居不听则气不淫，行作不顾则意必壹……"其三，"国之大臣诸大夫，博闻、辩慧、游居之事皆无得为，无得居游于百县，则农民无所闻变其方……愚农不知，不好学问，则务疾农……"这三条贯彻了一个思想：保持农民的愚朴心态，不要让"声服"（音乐、杂技）、"学问"、"博闻"、"辩慧"等等扰乱农民的思想，要使农民"意壹而气不淫"。

《外内》篇在提出"赏则必多，威则必严"的同时，又提出"淫道必塞"。"奚谓淫道？为辩知者贵，游宦者任，文学私名显之谓也。"也就是说，把尊重和任用知识分子视为"淫道"。《外内》篇认为，此"淫道"不塞，人民就不肯进行战争，国家的战事就会失败。因此，必须塞"淫道"，"为辩知者不贵，游宦者不任，文学私名不显"。

《农战》篇明确表达了商鞅学派以"农战"为核心的思想，同时也明确提出了商鞅学派"修政作壹，去无用，止浮学事淫之民"的文化政策，并且突出地把儒家学说置于"国害"之列。《农战》篇说："圣人知治国之要，故令民归心于农。……夫民之亲上死制也，以其旦暮从事于农。夫民之不可用也，见言谈游士事君之可以尊身也，商贾之可以富家也，技艺之足以糊口也。民见此三者之便且利也，则必避农。"在春秋战国时期，齐国的管仲学派把"士、农、工、商四民"称为"国之石民"（《管子·小匡》），也就是支撑国家的柱石之民。而商鞅学派则要将人民壹之于"农"，"士""工""商"便成为被压抑、裁制的对象。压抑工、商，是商鞅学派的经济政策；压抑"士"即知识分子，则是商鞅学派的文化政策。《农战》篇说："国去言则民朴，民朴则不淫。"又说："善为国者，官法明，故不任知虑……国力抟者强，国好言谈者削。"所谓"去言""不任知虑"等等，都是针对"士"即知识分子而言。商鞅学派之所以要抑"士"，是因为他们用"农战"的"实用"标尺来衡量一切。在他们看来，言谈、学问"无实用"，也就是"不可以强兵辟土"；而且人民如果见到"士"可以得到王公大人的尊重、任用，就会向"士"学习，从而"学者成俗，则民舍农"，"农者寡，而游食者众"，这是与"富国强兵"的目的相反的"贫国弱兵之教"。

商鞅本人对"学问""博闻""辩慧""游居"等等的排斥，大多是针对一般的知识和知识分子而言。他虽然知道他的"强国之术"不同于儒家的"帝王之道"，但他本人没有明确地把儒家学说置于直接的、首要的对立面。《农战》篇则不同，它突出地把攻击的矛头对准了儒家，这可能与孟子大力宣扬"仁政"学说，抨击"霸道"，提出"善战者服上刑……辟草莱、任土地者次之"(《孟子·离娄上》)，致使儒法矛盾激化有关。与《农战》篇大约作于同时的《算地》篇在所举"国害"中有"《诗》《书》谈说之士"，反儒的思想倾向与《农战》篇相同。《算地》篇有这样一段话："其上世之士，衣不煖肤，食不满肠，苦其志意，劳其四肢，伤其五脏，而益裕广耳，非生之常也，而为之者，名也。"如果把这段话同孟子所谓"天将降大任于是人也，必先苦其心志，劳其筋骨，饿其体肤，空乏其身，行拂乱其所为……"(《孟子·告子下》)相比照，那么"苦其志意，劳其四肢"与"苦其心志，劳其筋骨"，"食不满肠……伤其五脏"与"饿其体肤，空乏其身"，在词句文意上相近。这可能是商鞅后学与孟子思想发生接触后的一种文字表现，而反儒则是其思想表现。

《农战》篇说："豪杰务学《诗》《书》，随从外权，要靡事商贾、为技艺，皆以避农战。民以此教，则粟焉得不少，而兵焉得无弱也！"又说："农战之民千人，而有《诗》《书》辩慧者一人焉，千人者皆怠于农战矣。"可见，《农战》篇所要压抑、制裁的"士"主要是指"务学《诗》《书》"的儒家学派。《农战》篇列有意识形态领域的十种"国害"："《诗》、《书》、礼、乐、善、修、仁、廉、辩、慧，国有十者，上无使守战。国以十者治，敌至必削，不至必贫。国去此十者，敌不敢至，敌至必却；兴兵而伐必取，按兵不动必富。"这十种"国害"显然是直接针对儒家，而且《农战》篇把去除这十种"国害"视为富国强兵的关键。

《农战》篇还提出："君修赏罚以辅壹教，是以教有所常，而政有成也。……是以明君修政作壹，去无用，止浮学事淫之民，壹之农，然后国家可富，而民力可抟也。""壹教"即建立"喜农而乐战"的单一的意识形态，"去无用"即去除一切与"农战"无关的思想、知识、学说和学派。这可以说就是商鞅学派的文化政策。

《赏刑》篇继承发展了《农战》篇的思想，它提出"壹赏""壹刑""壹教"的"三壹"理论。所谓"壹教"，即："博闻、辩慧、信廉、礼乐、修行、群党、任誉、清浊，不可以富贵，不可以评刑，不可以独立私议以陈其上。……富贵之门，要存战而已矣。……是故民闻战而相贺也，起居饮食所歌谣者，战也。"这是一种更为狭隘的唯战争论，以此为标准，会更加造成对思想文化的摧残。

第二节 《商君书》所列各种"国害"

《商君书》各篇列有各种不利于"农战"的"国害"，其中大多与思想文化有关，特别是与排斥儒家学说有关。列举"国害"是商鞅学派文化专制主义政策的具体内容和突出表现。

《垦令》篇在提出"重刑而连其罪"时，主要是针对"五民"而言。所谓"五民"是指"褊急之民"（狭隘急躁之民）、"很刚之民"（粗暴刚强之民）、"怠惰之民"（懒惰之民）、"费资之民"（奢侈之民）、"巧谀恶心之民"（奸巧、阿谀、存心不良之民）。这"五民"是指一般的有不良习性的人，而不是主要针对"士"。此外，《垦令》篇提出"声服（技）无通于百县"，主要是针对民间艺人；提出"无以外权爵任与官，则民不贵学问"，"国之大臣诸大夫，博闻、辩慧、游居之事皆无得为"，则主要是针对"士"的政治、外交活动和文化、教育活动而言。

《外内》篇提出"塞淫道"："为辩知者不贵，游宦者不任，文学私名不显。"这里的三种人（"三者"）都是针对"士"。前两种人所为（"辩知""游宦"）在《垦令》篇就已被作为排斥的对象，后一种（"文学"）是《外内》篇新提出来的。

《农战》篇列出的"国害"是"十者"，即"《诗》、《书》、礼、乐、善、修、仁、廉、辩、慧"。其中后两项（辩、慧）沿袭自《垦令》篇，前八项是《农战》篇最先把儒家的经典和道德学说列为首要的打击对象。除"十者"的提法外，《农战》篇还有把商人、手工业者也包括在内的"三者"的提法,即"言谈游士""商贾"和"技艺","民见此三者便且利也,则必避农"。其中"言谈游士"是指知识分子,"十者"则是知识分子(主要指儒家)所从事的道德修养和知识活动。

《算地》篇提出的"国害"是"五民",其文云:"夫治国舍势而任说(谈)说,则身修而功寡。故事《诗》《书》谈说之士,则民游而轻其君;事处士,则民远而非其上;事勇士,则民竞而轻其禁;技艺之士用,则民剽而易徙;商贾之士佚且利,则民缘而议其上。故五民加于国用,则田荒而兵弱。""五民"的提法见于《垦令》篇,但《垦令》篇的"五民"是泛指五种有不良习性的人,而《算地》篇的"五民"则具体指《诗》《书》谈说之士""处士""勇士""技艺之士"和"商贾之士"。后两种人也就是《农战》篇所谓"三者"中的后两者;把"技艺""商贾"也称为"士",是把"士""工""商"混而言之的特殊用法。"五民"中的"《诗》《书》谈说之士"显然是指儒家;"处士"也就是隐士,当是指有道家倾向的人;"勇士"是指游侠,也就是《韩非子·五蠹》篇所谓"侠以武犯禁"的"侠"。

《去强》篇把"国害"分为两类。第一类是出于"农、商、官"三种职业的六种"虱害":"曰岁,曰食,曰美,曰好,曰志,曰行。"据高亨所释:"岁的虱指农民游惰,使年岁歉收。食的虱指农民不务正业,白吃粮米。美的虱指商人贩卖华丽的东西。好是玩好,好的虱指商人贩卖玩好的物品。志的虱指官吏营私舞弊的思想。行的虱指官吏贪赃枉法的行为。"① 在六种"虱害"之下,《去强》篇又提另外两种更严重的"虱害":"礼、乐虱害生,必削……国无礼、乐虱害,必强。"似乎是将此作为文意的过渡,《去强》篇接着列出第二类"国害":"国有礼有乐,有《诗》有《书》,有善有修,有孝有弟(悌),有廉有辩。国有十者,上无使战,必削至亡;国无十者,上有使战,必兴至王。""十者"一词沿袭自《农战》篇,但"十者"的内容与《农战》篇略有不同:增加了"孝""悌",略去了"仁""慧"。"仁"是儒家的核心思想和主要

---

① 高亨:《商君书注译》,第44页。

德目,《去强》篇略去"仁""慧",可能是想沿用"十者"一词的数目,而又突出地把"仁"之本——"孝""悌"置于"国害"之列。在"十者"之下,《去强》篇还有"八者"的提法:"国用《诗》、《书》、礼、乐、孝、弟、善、修治者,敌至必削国,不至必贫;国不用八者治,敌不敢至,虽至必却,兴兵而伐必取,取必能有之,按兵而不攻必富。"这"八者"略去了"十者"中的"廉""辩",并且把"孝""悌"提到"善""修"之前。如果不是文字传衍有误,那么就是《去强》篇想进一步突出"孝""悌"的"国害"性质,《去强》篇可能作于儒家的《孝经》开始流传并引起社会的重视之时。

《弱民》和《说民》两篇是对《去强》篇的解说,《弱民》篇解说了《去强》篇的前半部,《说民》篇解说了《去强》篇的后半部。①《弱民》篇所举"国害"是"六虱",内容与《去强》篇的"六虱"相同。《说民》篇所举"国害"是"八者",内容却与《去强》篇的"八者"有异。其文云:"辩、慧,乱之赞也;礼、乐,淫佚之徵也;慈、仁,过之母也;任、带,奸之鼠也。……八者有群,民胜其政;国无八者,政胜其民。"这"八者"与《去强》篇的"八者"相同的只有"礼、乐"。其余六者中"辩、慧"见于《垦令》篇,又见于《农战》篇的"十者",而《去强》篇的"十者"有"辩"无"慧";"仁"见于《农战》篇的"十者";"慈"和"任、举"是《说民》篇新加上的。《论语·为政》篇载孔子说:"临之以庄则敬,孝慈则忠,举善而教不能则劝。"《墨子·兼爱下》说:"为人父必慈,为人子必孝。"《老子》十九章也说:"绝仁弃义,民复孝慈。"可见,"慈"与"孝"对言,"孝慈"是儒家、墨家和道家普遍接受的德目。《说民》篇以"慈、仁"对举列为"国害",而又略去了《去强》篇"十者"和"八者"中都包括的"孝""悌",这是比较随意的用法,并且带有摈弃普遍性道德的性质。"任、举"即"任、誉",是指任侠和赞誉,所指斥的对象与《算地》篇所谓"五民"中的"勇士"相同。

---

① 郑良树:《商鞅及其学派》第41页。

《靳令》篇所举的"国害"是"六虱",又称"十二者"。其文云:"六虱:曰礼、乐,曰《诗》《书》,曰修善、孝弟,曰诚信、贞廉,曰仁、义,曰非兵、羞战。国有十二者,上无使农战,必贫至削……"("孝弟""贞廉""羞战"之前原有"曰"字,是衍文)"六虱"一词见于《去强》篇和《弱民》篇,但《靳令》篇所谓"六虱"与《去强》《弱民》所谓"六虱"的内容完全不同。《去强》《弱民》的"六虱"(岁、食、美、好、志、行)与"十者""八者"是两类"国害",而《靳令》篇的"六虱"又称"十二者",其内容与《农战》篇的"十者"和《去强》篇的"十者""八者"以及《说民》篇的"八者"相近。《靳令》篇新列入的"国害"是"义"、"诚信"、"非兵、羞战"。《农战》篇和《说民》篇所列"国害"有"仁"无"义",而《靳令》篇则"仁、义"并举。"仁"与"义"并举在春秋时期已有例证①,至孟子以后则大为流行。《靳令》篇把"义"新列入"国害",当是对孟子思想的一种反应。"诚信"亦是《中庸》、孟子以后儒家的主要德目,《靳令》篇把"诚信"列为"国害",当也是针对孟子思想。《修权》篇曾把"法""信""权"作为治国的三要素,《农战》篇则说"归心于农,则民……信可以守战也";《靳令》篇把"诚信"列为"国害",反映了商鞅学派在列举"国害"时既有所指而又缺乏分析、既随意而又武断的不良学风,并且内含着自我否定的因素。《老子》三十一章说:"夫兵者,不祥之器也";四十六章说:"天下无道,戎马生于郊。"墨子主张"非攻"。孟子也说"善战者服上刑"。惠施和公孙龙都有"偃兵"之说,《韩非子·内储说上》:"惠施欲以齐、荆偃兵。"《吕氏春秋·审应》:"公孙龙曰:'偃兵之意,兼爱天下之心也……'"《吕氏春秋·应言》:"公孙龙说燕昭王以偃兵……"《靳令》篇把"非兵、羞战"列入"国害",是商鞅后学大力鼓吹战争,强烈反对儒、墨、道、名等学派的反战思想的一种表现。

《赏刑》篇在讲到"壹教"时提出的"国害"是:"博闻、辩慧、信

---

① 参见张岱年《中国哲学发微》,山西人民出版社1981年版,第333页。

廉、礼乐、修行、群党、任誉、清浊。"这也可称为"八者"。其中"博闻""辩慧""礼乐""任誉"已明确见于上述各篇，"信廉"是把《靳令》篇的"诚信、贞廉"合而言之；"修行"即前面提到的"善、修"或"修善"。"群党""清浊"是《赏刑》篇新列入的，但《垦令》等篇所排斥的"私交"已有"群党"之意，"清浊"是标榜清高或以品行的清浊品评人物。《赏刑》篇虽没有把"非兵、羞战"列为"国害"，但它提出"富贵之门，要存战而已矣"，"富贵之门，必出于兵"，其好战倾向是与《靳令》篇相同的。

综上所述，《商君书》各篇所列举的"国害"有"五民"（《垦令》篇与《算地》篇所言"五民"的内容不同）、"三者"（《外内》篇与《农战》篇所言"三者"的内容不同）、"六虱"（《去强》《弱民》两篇与《靳令》篇所言"六虱"的内容不同）、"八者"（《去强》篇、《说民》篇以及《赏刑》篇所言"八者"的内容各不相同）、"十者"（《农战》篇与《去强》篇所言"十者"的内容不同）、"十二者"（见《靳令》篇，又称"六虱"）。这些"国害"名目繁多，内容也不一致，但都是以不利于"农战"或"无实用"为唯一判定标准。除《垦令》篇的"五民"、《去强》和《说民》两篇的"六虱"，以及《农战》篇"三者"和《算地》篇"五民"中包括的"商贾""技艺"之外，其余皆与思想文化有关。在思想文化的"国害"中，儒家的经典和道德条目占有主要位置，并且兼及道家、墨家、名家等学派的思想。这些"国害"有的名目相同而内容不一，有的内容相近而名目殊异，这说明它们不是出于同一作者。这些"国害"虽贯穿了统一的判定标准，但不同作者在列举"国害"时又随其所处的情境而有一定的针对性和随意性，有时甚至包含学派内部的自我否定因素。《商君书》各篇对"国害"的判定、排斥、攻击无一不是非常坚决、严厉、专横，表现了商鞅学派的文化专制主义的思想特色。

第三节　商鞅学派与"焚书坑儒"

"焚书坑儒"是发生在秦统一中国七年以后（公元前 213 年、前 212 年）的重大历史事件。从思想文化来说，"焚书坑儒"与商鞅学派对儒家学说的敌视有历史传承的关系。

可以作为"焚书坑儒"前导的是关于商鞅曾"燔《诗》《书》而明法令"的记载。但这条记载只见于《韩非子·和氏》篇，别无他证。《史记·商君列传》比较详细地记述了商鞅两次变法的内容和前后过程，其中没有留下商鞅曾"燔《诗》《书》"的信息。赵良在向商鞅提出警告时，先引"孔丘有言曰"，又引"虞舜有言曰"，随后两引《诗》、一引《书》，可见他至少是一个有儒学倾向的学者。商鞅虽没有听从赵良的劝告，但对此人表现出一定的尊重（如"鞅请得交""鞅将事子"等可证）。如果商鞅确曾采取过"燔《诗》《书》"的激烈反儒措施，那么以上情况就不好解释了，而且赵良在列举商鞅的错误时也不应漏掉这一重要罪状。另外，《商君书》中属商鞅自撰和可能是商鞅自撰的各篇都没有像其后学所作各篇那样把儒家经典和学说明确地列为"国害"。从以上两方面看，"燔《诗》《书》而明法令"不是商鞅本人所为。

但是，《韩非子·和氏》篇关于商鞅"燔《诗》《书》而明法令"的记载也不应全无根据。《商君书》中商鞅后学所作各篇自《农战》篇始就采取了激烈反儒的态度，儒家的《诗》、《书》、礼、乐、仁、义、孝、悌、诚信等等累累被列为必须去除的"国害"。如果说商鞅后学是否采取过"燔《诗》《书》"的行动因史阙明文而不可断定，那么至少可以说商鞅后学是有"燔《诗》《书》"的主张的。韩非子很可能就是把商鞅后学的所言所为记在了商鞅本人名下。《韩非子·内储说上》引"公孙鞅曰：'行刑，重其轻者，轻者不至，重者不来，是谓以刑去刑。'"这段话见于《商君书》的《靳令》篇，而《靳令》篇是商鞅后学所作。此可证韩非子对商鞅本人和商鞅后学并没有做出区分。

荀子约在公元前260年到过秦国。秦昭王曾以"儒无益于人之国"向荀子发问（《荀子·儒效》）。荀子在与范雎的对话中虽称赞了秦国的民俗、政风，说秦"四世有胜，非幸也，数也"，但同时也指出"秦之所短"是"无儒"（《荀子·强国》）。由此可见，商鞅后学的反儒倾向对秦国的政治、文化发生了实际的影响。

商鞅后学的反儒倾向还通过韩非子的著作深深地影响了秦始皇。《韩非子·五蠹》篇不啻是商鞅学派著作的翻版。其前面论历史发展的几段，有取于《商君书》的《更法》篇和《开塞》篇。它所提出的"仁义用于古而不用于今"，"峭其法而严其刑"，"用其力不听其言，赏其功必禁无用"，"无书简之文，以法为教；无先王之语，以吏为师；无私剑之捍，以斩首为勇"等等，都是商鞅学派的思想。它对"贞廉之行""贞信之行""文学之士""游侠私剑之属""游学者""言谈者"等等的批评，都可以在《商君书》所列"国害"中找到源头；特别是它把"学者"（儒家）、"带剑者"、"言谈者"、"患御者"和"商工之民"称为"五蠹"，更可以说是《商君书》列举"国害"的继续。《五蠹》篇深深地影响了秦始皇，史载"秦王见《孤愤》《五蠹》之书，曰：'嗟乎！寡人得见此人与之游，死不恨矣！'"（《史记·韩非列传》）可为证。

秦始皇既然十分赞同《五蠹》篇的思想，那么当李斯在廷议郡县制还是分封制时上书："臣请史官非《秦记》皆烧之。非一博士官所职，天下敢有藏《诗》《书》百家语者，悉诣守尉，杂烧之。有敢偶语《诗》《书》，弃市；以古非今者，族；吏见知不举者，与同罪；令下三十日不烧，黥为城旦……"（《史记·秦始皇本纪》）秦始皇照此颁布"焚书令"就不是偶然的了。焚书之后的第二年，秦始皇又因受到方士、儒生的诳骗、"诽谤"，而将四百余人活埋于咸阳。"焚书坑儒"就这样被载入史册。其决策者、执行者是秦始皇、李斯，其思想上的始作俑者可以追溯到商鞅后学。

第十二章 制度与文化
——代结束语

第一节 商鞅学派的历史功过

以商鞅为首的商鞅学派是战国时期历史特殊环境的产物。在经历了"礼崩乐坏"、旧制度衰朽、新制度萌生的春秋时期以后,"诸侯力政,争相并"的战国形势迫使各诸侯国进一步实行改革、变法,只有这样才能在兼并战争中取胜。先改革者先受益,改革得彻底者受益最多而且最终取得胜利。魏国是战国时期最先实行改革者,因而它成为当时的首强之国。商鞅充分吸取了魏国的改革经验,他在秦孝公的支持下,先后实行两次变法,其改革的深度和广度是其他诸侯国所不能比拟的。商鞅变法的成功是其顺应了历史发展的潮流,在秦国建立了一套新的政治制度和经济制度,从而收到了"富国强兵"的效果。所谓"秦法未败",就是商鞅所建立的这套制度在商鞅死后一直延续,不可逆转。秦国六世君主依靠这套制度终于横扫山东六国,成就了统一中国的"帝业"。秦王朝虽二世而亡,但"秦法""秦制""秦政"的基本内容仍被中国历代王朝所继承。清末的谭嗣同就曾指出:"二千年来

之政，秦政也。"（《仁学》卷上）

从制度改革上看，商鞅是历史上"成大功"的"好汉"（李贽：《焚书》卷五，《史纲评要》卷三）。但是，从文化建设上说，商鞅及其学派却有重大的缺陷。他们看到了历史发展的阶段性，却忽视了文化沿革的继承性；他们抓住了"富国强兵"的关键——"农战"，却以狭隘的"实用"标准排斥一切"不可以强兵辟土"的文化；他们看到了新制度与旧文化的对立，却没有着手于旧文化的转型和新文化的建设；他们急于实现武力兼并六国的目标，却没有为统一帝国的"长治久安"做必要的文化准备。

商鞅学派提出"任其力不任其德""不贵义而贵法"，这在战争环境和儒法对立的形势下固然有其一定的历史合理性，但他们把"力"与"德"、"法"与"义"绝对对立起来，完全取消或取代道德的社会作用，没有在新的制度下扬弃原有道德的内容，建立新的道德规范，这不能不说是商鞅学派治国方策中所缺少的一个重要方面。

值得一提的是，《商君书·开塞》篇讲到"武王逆取而贵顺，争天下而上让，其取之以力，持之以义"，这说明在商鞅学派的思想中也蕴含着在秦统一中国后其治国方策实行转变的种子。但是，它被深埋在"力"与"德"、"法"与"义"的尖锐对立中，秦国的历史并没有提供发现它的机缘。直到秦灭亡以后，汉初儒生才用它来说服最高统治者，实现了由崇法到尊儒的转变。

从思想文化上说，吕不韦更表现出远见卓识。他在秦统一中国的大势已成之时，一改商鞅学派排斥"言谈""辩慧"的"壹教"方针，"招致士，厚遇之，至食客三千人"（《史记·吕不韦列传》），撰成"兼儒墨、合名法"（《汉书·艺文志》）计二十余万言的杂家著作《吕氏春秋》。这实际上是为秦帝国建筑了一座庞大的思想库。尤其重要的是，《吕氏春秋》中的《十二纪》充分吸收了阴阳五行家的学说，借助阴阳五行秩序和天人感应的思想，节制君主的行为，要求他"无变天之道，无绝地之理，无乱人之纪"（《吕氏春秋·孟春纪》）。然而，这座思想库还没有来得及发生作用就随着秦始皇与吕不韦的权力斗争而被废弃了。

秦始皇推崇韩非子、李斯的法家学说，而韩非子、李斯的学说不过是商鞅学派思想在同一个方向上的继续和发展。韩非子在商鞅学派关于君主"任法"的治国方策中增加了慎到关于"势"和申不害关于"术"的思想，这使得法家学说堪与欧洲16世纪马基雅维里的《君主论》的思想相媲美。[①]但韩非子在文化上的急功近利、轻视道德和知识比商鞅学派有过之而无不及，这从他以下的言论可以得到证明："糟糠不饱者不务粱肉，短褐不完者不待文绣。夫治世之事，急者不得，则缓者非所务也。""故行仁义者非所誉，誉之则害功；工文学者非所用，用之则乱法。"（《韩非子·五蠹》）"言无二贵，法不两适，故言行而不轨于法令者必禁。……夫言行者，以功用为之的彀者也。"（《韩非子·问辩》）李斯与韩非子有着相同的思想倾向，他在告别荀子而西行入秦时就曾说："秦四世有胜，兵强海内，威行诸侯，非以仁义为之也，以便从事而已。"（《荀子·议兵》）他贯彻法家路线，辅佐秦始皇完成统一中国的帝业，以后又坚决推行郡县制，采取统一度量衡和统一文字等一系列措施，其历史功绩固然值得称道，但他策划"焚书"事件，用暴力手段解决意识形态上的纷争，终于将法家的文化专制主义推向了极端。这虽然在短期内起到了维护新政权的效果，却丧失了从长远计虑而从事文化建设的时机。新政权由于没有得到适宜的、丰厚的意识形态的辅翼、制导和调节，所以很快就暴露了其自身的弊病，陷入了政治与经济的危机。

商鞅学派在政治制度和经济制度上的改革主要是以君主集权取代诸侯封建，以"私田"取代"井田"。这是适应中国历史发展潮流的改革，这一改革的成果直至清朝末年不能变更。但君主集权制和土地私有制也有其自身不能克服的弊病，它们运行到一定的程度就会因某种因素失去控制而出现政治与经济的失序，从而使中国社会陷入周期性震荡，只有通过社会动乱和王朝更替才能使其重新进入轨道。

在"权"与"法"的关系问题上，商鞅学派一方面主张"权者，君之所独制也"；另一方面又主张"法者，君臣之所共操也"，君主不

---

① 参见拙文《马基雅维里与韩非子》，《读书》1987年第4期。

能"以私害法"。在商鞅学派看来,君主的权力至上,而君主的权力之所以成立和有效的基础是"法";君主必须专权,但不能"专利",因为"法"是公利的体现,"公私之交,存亡之本也"。这其中的矛盾是:"权"与"法"在理论上是分离的,"权"是君主所独制,"法"是社会之公利;但在实际操作上二者却是统一的,社会之公利没有立法权,立法权独操在君主的手中,"权"实即等于"法"。齐国的管仲学派对这一点表述得更加明白:"夫生法者,君也;守法者,臣也;法于法者,民也。"(《管子·任法》)这样,"公私之交,存亡之本"就全由君主是否能"自胜"即战胜自己的私欲来决定。在私有制和私有观念盛行的封建社会,要求君主出以公心实际上是不可能的,即使是用"天人感应"和"正心诚意"来约束君主的行为,也最终不能扼制君主的私欲的膨胀。

商鞅学派主张法由"君臣之所共操",同时又主张"明法","治国者贵下断……家断则有余,故曰日治者王;官断则不足,故曰夜治者强;君断则乱,故曰宿治者削。故有道之国,治不听君,民不从官"。(《商君书·说民》)然而,秦始皇在统一中国后,"刚戾自用……丞相诸大臣皆受成是,倚辨于上。上乐以刑杀为威,天下畏罪持禄,莫敢尽忠。上不闻过而自骄,下慑伏谩欺以取容。……天下之事无小大皆决于上,上至以衡石量书,日夜有呈,不中呈不得休息,贪于权势至如此……"(《史记·秦始皇本纪》)这与商鞅学派所设想的君主"秉权而立,垂法而治"已有很大的距离。至秦二世听赵高之言,"乃更为法律",认为"贤人之有天下也,专用天下适己而已矣";李斯为求自保,"阿二世意",上书言"主独制于天下而无所制也","能荦然独行恣睢之心而莫之敢逆,若此然后可谓能明申、韩之术,而修商君之法"(《史记·李斯列传》)。由于君主集权本身没有对君主权力的有效节制,所以商鞅学派所设想的君主"不以私害法"得不到实际的保障,"商君之法"最终嬗变为君主恣意妄为的私法。其结果也就如商鞅学派所言:"君臣释法任私必乱"。

商鞅开阡陌,废井田,实行土地私有,"民得买卖",这适应了生产力的进步,促进了农业经济的发展。但是,与土地私有相伴随的是土地兼并和贫富两极分化,以至"富者田连阡陌,贫者亡立锥之地","庶人之富者累钜万，而贫者食糟糠"。(《汉书·食货志》)这种情况在秦统一中国时已经发生，加之秦始皇修长城，建驰道，封泰山，求仙药，作阿房之宫，筑骊山之陵……耗费了大量民力钱财，力役、租赋超过了社会的承受力，秦二世更以"税民深者为明吏""杀人众者为忠臣"(《史记·李斯列传》)，致使"贫民常衣牛马之衣，而食犬彘之食，重以贪暴之吏刑戮妄加，民愁无聊，亡逃山林，转为盗贼，赭衣半道，断狱岁以千万数"。(《汉书·食货志》)

自秦始皇于公元前221年统一中国，至陈胜、吴广于公元前209年在大泽乡起义，刘邦、项羽于公元前207年入咸阳、杀子婴，在短短的十几年间秦国六世君主所完成的帝业就迅速土崩瓦解了。随着秦帝国的覆亡，"为秦开帝业"的商鞅学派也就成为历代儒家所诅咒的对象。

实际上，秦之覆亡的直接责任不在商鞅学派，也不在法家学说，而是君主集权制和土地私有制在其运行过程中必然产生的结果，秦以后的历代王朝也终究不能逃脱这一命运，秦帝国只不过是缩短了社会治乱、王朝兴衰的一个轮回。汉代统治者吸取秦二世而亡的教训，先是崇尚黄老，然后独尊儒术（此时的儒术实已有选择地吸收了道、法、阴阳等家的学说），中国封建社会的政治制度和经济制度因有了更为适宜、丰厚的意识形态的辅翼、制导和调节，才延长了治乱兴衰的周期。由此看来，秦亡之迅速与商鞅学派、韩非子、李斯等人在文化建设方面的缺陷、失误也有一定的关系。

第二节 儒法的冲突与合流

儒法的冲突或斗争是中国历史上的一大公案。长期以来，人们对此聚讼不已，众说纷纭；在"文化大革命"时期，它竟被利用成为一场搞政治阴谋的闹剧。实际上，儒法之间既有冲突的一面，又有一致的一面。汉代以后，儒法合流——儒家首肯了法家所建立的政治制度和经济制度，而这套制度则把儒家学说奉为"独尊"的意识形态。如果构造一个简单的公式，那么中国封建社会的主要形态是："法家制度＋儒家文化"。

在政治方面，儒法之间的冲突是如何结束战乱、分裂而实现社会秩序和国家统一的冲突。儒家提出尚德、复礼、法先王（复三代之治）、施仁政等学说，法家则有尚力、任法、变革旧制、驱民耕战等主张。面对"礼崩乐坏""诸侯力政"的形势，儒家更多地把目光投向了被理想化的过去，试图以伦理道德克制人们的欲望，约束人们的行为，延续传统的文化，恢复往日的秩序；而法家则着眼于社会发展的现实，力主变法革新，强化君主集权，运用赏罚手段驱民耕战，凭借经济和军事实力实现国家的统一。从政治制度的变革来讲，儒家是复古的、无力创新的，但他们所复之古是被理想化了的古，他们的思想并非政治上的反动，而更多的是道德的理想主义和文化的保守主义。法家是新制度的创建者，他们没有得到传统文化的支撑，而是从历史的进化寻求改革合理性的证明，从现实的政治经济活动吸取改革的力量，他们在政治上是进步的、有为的，但他们把制度与文化、力与德、法与义绝对对立起来，从而陷入了狭隘的功利主义和道德取消主义。

在结束战乱、分裂而实现社会秩序和国家统一这个目标上，儒法是一致的。特别是在主张君主集权这一点上，儒法之间更是相互契合。孔子说："天下有道，则礼乐征伐自天子出。"（《论语·季氏》）"天无二日，民无二王。"（《孟子·万章上》载"孔子曰"）孟子主张天下"定于一"（《孟子·梁惠王上》）。荀子说："君者，国之隆也……隆一而治，二而乱。"（《荀子·致士》）"权出一者强，权出二者弱。"（《荀子·议兵》）这些都是儒家主张君主集权的言论。与法家不同的是，儒家认为君主的权力应以道德为本，"以不忍人之心，行不忍人之政"（《孟子·公孙丑上》），则统一天下易如反掌，把这种道德的理想主义运用于当时的兼并战争和君主政治，实际上是根本不能实现的。在"复三代之治"和宗法思想的支配下,儒家企图保留分封制,重现往日用"周礼"来维系的社会秩序;这种文化的保守主义也把儒家导向了政治制度建设的误区,他们没有认识到春秋战国时期的"诸侯力政""礼乐征伐自诸侯出"已经宣告了分封制的末日,新的政治制度——郡县制不仅是君主集权所必需,而且是历史发展所必然。法家认为构成君主权力的基础是法而不是德,法的要领就是信赏重罚,通过赏罚而驱民耕战,依靠实力而统一中国;这在当时是一条现实的、可行的、有效的统一之路。法家更坚决地主张君主集权,只有君主集权才能统一政令和军令,树立赏罚的权威,集中强大的物力、财力和兵力,从而兼灭诸侯,完成统一大业,并且把这种统一巩固、维持下去。因而,法家坚决主张用在战争环境下新产生的政治制度——郡县制取代分封制,把此作为实行和强化君主集权的必要改革措施。郡县制与君主集权制是统一的,而分封制与君主集权制却是矛盾的。儒法所共同主张的天下"定于一"不能通过儒家的尚德、复礼、恢复分封制的等级秩序来完成,而只能通过法家的尚力、任法、将郡县制推广于全国来完成。孔、孟、荀周游列国,都没有找到实现德政理想的现实基础;而秦始皇统一中国的胜利,就是法家统一路线的胜利。

在君主集权与民本主义相结合这一点上,儒法两家也有相同之处。商鞅的民本主义已如本书第八章第一节所述。慎到说:"古者立天子而贵之者,非以利一人也。……故立天子以为天下,非立天下以为天子也。立国君以为国,非立国以为君也。……法制礼籍,所以立公义也。凡立公,所以弃私也。"(《慎子·威德》)韩非子也说:"然所以废先王之教,而行贱臣之所取者,窃以为立法术、设度数,所以利民萌、便庶众之道也。"(《韩非子·问田》)但法家的民本主义只是停留在他们对变法和任法做合理性说明的论证中,而无法在其"胜民"、驱民耕战的治国方策中得到体现;他们的治国方策实际上不是以民为本,而是把人民当作驱使的对象、耕战的工具。当秦始皇、秦二世以法家所倡导的"峭法严刑"对人民进行统治时,更把民本主义抛在了九霄云外。两汉之际的扬雄说:"申、韩之术,不仁之至矣,若何牛羊之用人也!"(《法言·问道》)这正是对法家的治国方策与民本主义相背离的一种批判。儒家主张尚德,"修己以安百姓"(《论语·宪问》),"以不忍人之心,行不忍人之政",乃至于"民为贵,社稷次之,君为轻"(《孟子·尽心下》)。在儒家的德政思想中民本主义占有一定的位置,并且一直得以延续。尽管民本主义在君主集权的实际运作中难以得到真正的体现,但它对节制君主的行为、舒缓对人民的剥削仍有一定的作用。

法家强调君主不能"以私害法",对君主的行为也提出了进行节制的要求。但法自君出,而且法的要领不过是赏罚,即驱民耕战的工具。这样,法实际上隶属于权,而没有构成对君主权力的节制,乃至"商君之法"在秦末嬗变为李斯所首肯、秦二世所恣意妄为的私法。儒家强调君主应该"以修身为本",对君主提出了"内圣外王"的要求;在君臣关系上,儒家除强调君尊臣卑外,还强调君臣之间有相互的道德义务,即所谓"君臣之义",臣下应该"以道事君,不可则止"(《论语·先进》)。这样,道德与权力便构成一对矛盾,儒家甚至于设想"惟大人为能格君心之非"(《孟子·离娄上》)。尽管道德的约束作用以及儒家从阴阳五行家那里吸取来的"天人感应"的警戒作用,对君主行为的影响是有限的,但我们仍应承认它们在调节君主集权运行机制中具有一定的意义。

法家任法,取消或取代道德的社会作用;儒家尚德,但并不完全排斥刑罚。孔子说:"礼乐不兴,则刑罚不中;刑罚不中,则民无所措手足。"(《论语·子路》)孟子主张"以生道杀民"(《孟子·尽心上》),"教之不改而后诛之"(《孟子·万章下》)。荀子主张"厚德音以先之,明礼义以道之,致忠信以爱之,尚贤使能以次之,爵服庆赏以申之……雕雕焉县(悬)贵爵重赏于其前,县明刑大辱于其后……"(《荀子·议兵》)在德与法之间,儒家的根本思想是:德本刑末、德主刑辅。这是比法家的单纯任法更全面、也较多带有人民性的治国方策。法家论法,注重其形式方面的意义,即韩非子所谓"法者,宪令著于官府,刑罚必于民心,赏存乎慎法,而罚加乎奸令者也"(《韩非子·定法》)。在内容方面,法家认为法是"公"的体现,即商鞅所谓君主不能"以私害法",

韩非子所谓"能去私行，行公法者，则兵强而敌弱"(《韩非子·有度》)。但法家所谓"公"，如同其民本主义一样，只在理论上具有非常抽象的意义；而在实际运作中，法不过是驱民耕战的工具或便于君主进行统治("胜民")的工具。儒家主张德本刑末、德主刑辅，一方面是限定了刑罚在治国方策中的地位，另一方面是赋予了法以伦理法的具体内容。这样，法便具有了比较稳定的社会形态，对君主不能"以私害法"也能起到一定的节制作用。

在经济方面，法家"开阡陌封疆"，彻底废除井田制，实行土地私有，并且把一夫一妻式的小家庭确立为社会的基本生产单位。这是适应生产力的进步、促进小农经济发展的改革措施。儒家则主张"夫仁政必自经界始"(《孟子·滕文公上》)，即要恢复已经瓦解了的井田制。儒家反对法家的土地改革措施，一方面是他们的道德理想主义和文化保守主义所致，另一方面是反对土地私有后国家强加给农民的沉重赋税以及土地私有所带来的土地兼并、两极分化。儒家主张对人民先"富之"后"教之"(《论语·子路》)，"易其田畴，薄其税敛，民可使富也"(《孟子·尽心上》)。井田制的所谓"什一之税"正是儒家主张轻徭薄赋的一面旗帜。法家废井田，实行土地私有，不是为了富民，而是为了"富国强兵"；《商君书·说民》篇所谓"国不蓄力，下用也；家不积粟，上藏也"即表明了法家的"富国强兵"与富民政策正相反对的性质。儒家在主张复井田时，实际上把井田制也理想化了，孟子所谓"有恒产者有恒心"即把井田制的所谓"八家皆私百亩"看作是农民的"恒产"(《孟子·滕文公上》)；他所谓"五亩之宅，树之以桑，五十者可以衣帛矣。鸡豚狗彘之畜，无失其时，七十者可以食肉矣。百亩之田，勿夺其时，八口之家可以无饥矣"(《孟子·梁惠王上》)，实际上是一幅小农经济的理想画面。商鞅严令推行一夫一妻式的小家庭，是把家庭单纯看作社会的生产单位，而抹杀了其社会伦理的意义；儒家虽重宗法，强调家庭的社会伦理意义，但所谓"八口之家"仍是小农经济的模式。

荀子在入秦考察时，一方面说秦国的民俗政风已类之于"佚而治，约而详，不烦而功，治之至也"；另一方面又说秦国之治距离"王者之功名，则佣佣然其不及远矣。是何也？则其殆无儒邪？"（《荀子·强国》）在李斯说"秦四世有胜……非以仁义为之也，以便从事而已"时，荀子教训说："非女（汝）所知也，女（汝）所谓便者，不便之便也。吾所谓仁义者，大便之便也……今女（汝）不求之于本而索之于末，此世之所以乱也。"（《荀子·议兵》）从荀子的这两段话，我们已可以看出儒法两家思想进行整合的可能与必要。儒家一方面对法家路线指导下的秦国之治有所肯定，另一方面又指出秦国之治必须益之以儒家的仁义之本，不如此不足以防世事之乱。

秦亡以后中国封建社会的发展正如荀子所言。"汉承秦制"[①]，面对法家所建立的政治制度和经济制度，儒家已无力回天，只能把它们接受下来，并且说服最高统治者，从崇法转向尊儒，使儒家学说上升为这套制度的意识形态，从而节制、指导这套制度的运行。汉代重儒，开自陆贾。他率先以"汤武逆取而以顺守之，文武并用，长久之术也"说服汉高祖刘邦，转变了其对儒学的态度。他所作《新语》一书，高扬儒家的仁义学说，并且吸收法家、道家和阴阳五行家的思想，为秦以后儒学的复兴和发展确立了基本的方向。[②]

儒法两家最根本的契合点是都主张君主集权。法家"尊主卑臣，明分职不得相逾越，虽百家弗能改也"；儒家"列君臣父子之礼，序夫妇长幼之别，虽百家弗能易也"。（《史记·太史公自序》）正是因为有了尊君权、尚大一统这个共同点，儒家学说才首肯法家所建立的政治制度，而法家所建立的政治制度也才尊奉儒家学说为其意识形态。董仲舒倡"三纲"之说，此说除继承了先秦儒学的"君臣之义、父子之亲、夫妇长幼之别"外，另一个源头就是韩非子所谓"臣事君、子事父、妻事夫，三者顺则天下治，三者逆则天下乱。此天下之常道也，明王贤臣而不易也，则人主虽不肖，臣不敢侵也"（《韩非子·忠孝》）。

儒家虽主张分封制，但当汉初分封的异姓王和同姓王构成了对君主

[①] 两汉之际的班彪说："周之废兴，与汉殊异……汉承秦制，改立郡县，主有专已之威，臣无百年之柄。"（《后汉书·班彪列传》）
[②] 参见拙文《秦后第一儒——陆贾》，《孔子研究》1992年第3期。

集权的威胁时，儒家毕竟站在了君主集权的一边，而承认并拥护了郡县制。尽管郡县与分封之争在以后的中国历史上时而泛起，但恢复分封制终究只是保留在儒家典籍中的一个未能实现的理想。

"汉承秦制"包括对秦的土地私有制度"循而未改"。汉初为医治战争创伤，采取"与民休息"的让步政策，"轻田租什五而税一"，使农业生产得以较快地恢复和发展。汉武帝时，董仲舒对土地私有所引起的土地兼并和两极分化痛加指责，但他认识到"古井田法"难以"卒（猝）行"，其改良之道是"宜少近古，限民名田，以澹不足，塞并兼之路……薄赋敛，省徭役，以宽民力……"（《汉书·食货志》）王莽篡汉后，"动欲慕古，不度时宜"，下令"更名天下田曰王田，奴婢曰私属，皆不得卖买"，但只实行了三年，便"知民愁，下诏诸食王田及私属皆得卖买，勿拘以法"。（《汉书·食货志》）土地私有制虽然有自身的弊病，但因其是符合生产力发展水平的一种所有制形式，所以倒退回"古井田法"是行不通的。儒家只能把土地私有制承受下来，用"轻徭薄赋""限民名田"等延缓土地私有所导致的社会危机。

汉初，曾经当过秦博士的儒生叔孙通对刘邦说："儒者难于进取，可以守成。"（《史记·叔孙通列传》）此话道出了儒家文化之所以成为法家制度的意识形态的一个内在原因。儒家的道德理想主义和文化保守主义没有为结束春秋战国时期的战乱、分裂而开出新的政治制度和经济制度，这套制度是法家顺应历史发展的潮流而开创、建立的。但法家在文化政策上的狭隘功利主义和道德取消主义无力维系这套制度的正常运转，从而需要儒家文化的辅翼、制导和调节，以延缓这套制度从有序演变成无序的时间，这也就是儒学所能达到的"长治久安"了。儒学的君主集权思想和小农经济模式与法家所建立的制度没有根本的冲突，儒学的尚德、民本、轻徭薄赋等思想有益于缓解统治阶级内部（君臣之间）以及统治阶级与下层民众之间的矛盾，儒学对法、道、阴阳等家思想的吸收弥补了先秦儒学的一些先天不足，而儒学从古代继承下来的宗法伦理思想又适应汉民族的传统心理并在小农经济的基础上获得了新生，这些使得儒学最终成为中国封建社会的"独尊"的意识形态。

第三节　对现代人的几点启示

读史使人明智。评价商鞅学派的历史功过，总结儒法冲突与合流的历史经验，似能给现代人以如下几点启示：

（1）社会生产力的发展决定社会的经济制度和政治制度。当一种制度不适应生产力的发展而衰朽时，就必须对之进行改革。"当时而立法，因事而制礼"，"治世不一道，便国不必法古"，商鞅学派的这一变法原则至今仍具有普遍的积极意义。商鞅变法的成功，不仅是中国历史上的丰功伟绩，而且也是中华民族的一种精神财富。它说明新制度终将取代旧制度，顺应历史潮流的改革事业必然取得胜利，并且不可逆转。

（2）社会历史的发展不仅具有阶段性，而且具有连续性。阶段性主要表现为生产力水平的不同，经济制度和政治制度的不同；连续性则主要表现为一个民族的传统文化的沿革。生产力是最活跃的因素，而传统文化则是一种具有保守性的力量。当经济制度和政治制度不适应生产力的发展而发生变革时，这种变革必然与传统文化发生某些方面的冲突。一种制度不可能造就一种全新的文化，而只能对传统文化因势利导，转变其原有的形态，决定其继续发展的方向。当一种制度试图斩断与传统文化的瓜葛，或以一种狭隘的实用标准来对文化进行取舍时，它势必造成自身的意识形态的匮乏。

（3）因经济制度和政治制度受生产力发展水平的制约，所以每一种新制度与旧制度相比只具有相对的优越性，而不可能十全十美。制度无瑕论或制度万能论是一种不切实际的幻想。如果一种新制度缺少适宜的、丰厚的意识形态的辅翼、制导和调节，那么这一制度的局限或弊病必然迅速地、充分地显示出来，从而造成运转的失序、社会的危机。因此，一种新制度必须妥善处理它与传统文化的冲突，善于从事传统文化的转型工作，在对传统文化进行批判继承的基础上从事新文化的创造综合，建成自己的意识形态。

（4）传统文化的延续总是与一定的经济制度和政治制度相联系的，因而它也具有历史发展的阶段性，亦即它在历史发展的某个阶段上表现为某种经济制度和政治制度的意识形态。当旧制度衰朽、新制度萌生时，新的历史经验必然产生出新的思想观念。新旧制度的冲突和新旧思想的冲突是不可避免的。新制度的建成需要具有新思想的人充分发挥历史主体的能动性和创造性，大胆改革、勇于开拓的进取精神是新制度得以建成和确立的必要条件。新的思想观念产生于新的历史经验，而新的社会进步则有赖于新制度的建成和确立。传统文化中的某些因素有可能为新思想的产生提供了某种逻辑上的可能，但这种可能如果没有新的历史经验的刺激则无法成为现实。传统文化在新旧制度的变革时期也要经历一个自身的转型时期，它直接服务于旧制度的那部分思想内容将受到抑制和改造，它能够服务于新制度的那部分思想内容将得到继承和发扬，并与新的思想观念进行整合，从而上升为新制度的意识形态，一个民族的文化由此得以延续和发展，而新制度与新文化的结合又共同推动社会历史的进步。在这里，新的历史经验和新思想、新的历史创造性和新制度，是传统文化实现转型的决定因素。因此，文化决定论和文化宿命论是错误的。文化保守主义在新旧制度和新旧思想激烈冲突的历史时期，有可能为保留传统文化中一部分有价值的遗产作出积极贡献；但文化保守主义如果不与新制度和新思想结合，那么则会受到历史的淘汰。

（5）社会生产力的进步和新制度的建成总是与社会主体对物质利益的追求相联系的。在旧制度衰朽、新制度萌生的过渡历史时期，社会主体总要打破原有的秩序，表现出某种行为的失范，从而与传统的道德发生冲突。正如恩格斯所说："一方面，每一种新的进步都必然表现为对某一神圣事物的亵渎，表现为对陈旧的、日渐衰亡的、但为习惯所崇奉的秩序的叛逆，另一方面，自从阶级对立产生以来，正是人的恶劣的情欲——贪欲和权势欲成了历史发展的杠杆……"①社会进步的功利尺度和道德尺度会发生背离，而这种背离在新旧制度交替时期尤为严重。道德理想主义往往与文化保守主义相伴随，而与新制度相冲突。新制度的建成不仅需要冲破原有道德规范的束缚，而且需要形成自己新的道德规范。新的道德规范是新文化的一部分，它同样需要吸取传统文化的一部分内容，符合一个民族的传统心理，继承一个民族的传统美德。将新制度与传统道德绝对对立起来，新道德的建设就无从完成；否认道德的社会作用，或忽视新道德的建设，新制度就缺少必要的行为调节机制，从而必将受到历史的惩罚。

（6）法家学说曾经在中国历史上建成了新的经济制度和政治制度，这套制度在近现代已经被新的社会变革所否定，但法家学说仍是活着的中国传统文化的一个组成部分。法家学说中的大胆改革、勇于开拓的精神值得今人继承和发扬，他们的"尚力""任法""富国强兵"等思想经过扬弃也还有值得吸取的内容，而其君主集权、以人民为驱使的对象、文化专制和道德取消主义等思想则是必须予以批判和清除的文化糟粕。儒家学说不仅上承中国上古时代的文化渊源，而且在秦以后成为占统治地位的意识形态。儒学虽没有开创出新的经济制度和政治制度，但它在秦汉之际做出了一种"理性的适应"，突出了它与新制度相协调的一面，并且弥补了自身和新制度的一些不足，从而与新制度进行整合，形成了中国封建社会的完整形态。"儒者难于进取，可以守成"，而其"守成"也就巩固了新制度，维护了国家的统一和社会的稳定；只有这样，新制度才能发挥出自身的优势，而其弊病得到某种抑制，中国封建社会也才可能出现汉唐时期的繁荣。儒学不仅在中国历史上发生了积极作用，而且传播到中国的周边地区，促进了东亚其他国家的发展。当中国的封建制度没落的时候，儒学也随之没落了。但儒学在近现代仍做出了复兴的努力，这种努力将取得何种效果，正在经受历史的考验。

（7）在20世纪60年代以后，东亚的日本、韩国、新加坡、中国台

---

① 《马克思恩格斯选集》第4卷，人民出版社1972年版，第233页。

湾、中国香港等在经济上有迅猛的发展。这些国家和地区都曾深受儒家文化的影响，因此，儒家文化与东亚经济发展的关系便成为人们所关注的一个问题。关于东亚经济起飞的原因，可归纳为两派说法：一派强调政治制度、经济政策和社会结构的作用，学术界称之为"制度论派"；另一派强调文化环境的作用，认为儒家传统是东亚经济发展的动力，学术界称之为"文化论派"。①对两派中的任何一种说法做出否定，恐怕都是困难的。如果借助于儒法冲突与合流的历史经验来观照儒家文化与东亚经济发展的关系，似乎可以得出这样的结论：儒家文化在近现代没有开出有利于东亚经济发展的政治制度和经济制度，构成东亚经济发展的基础是从西方移植过来的政治制度和经济制度；这套制度之所以在60年代以后的东亚地区取得了超过世界其他地区发展的经济起飞的效果，与儒家文化所能起到的社会稳定和协调作用有一定的关系。如果也构造一个简单的公式，那么东亚地区经济发展的主要原因似乎是："西方制度＋儒家文化"。当然，这里所说的儒家文化主要是从受儒家文化影响的社会心理素质而言。至于儒家文化在理论上能否成功地做出新的调整和转型，以适应并且驾驭从西方移植过来的政治制度和经济制度，现在还难以做出定论。毫无疑问的是，儒家文化在现代的理论转型要比儒家文化在秦汉之际所做出的调整要困难得多；而且当儒家文化"脱胎换骨"实现现代的转型时，其理论形态能保留多少原有的东西，它与其他学说的关系如何，也是一个有很大疑难或要经历史考验的问题。

（8）中国选择了以马克思主义为指导思想和社会主义制度，这是被中国在近现代的历史境况和发展需要所决定的。在经历了"文化大革命"的十年内乱之后，中国实行了改革开放的政策，把建设有中国特色的社会主义、实现四个现代化作为自己的发展目标。马克思主义进一步与中国的具体实践相结合、与中华民族的特点相结合、与中国传统文化中的优秀成分相结合，这是坚持和发展马克思主义的题中应有之义。在

---

① 新加坡学者李焯然、李秀娟、余绍华为1992年6月在四川德阳召开的"儒学及其现代意义国际学术研讨会"提交的论文：《儒家思想与东亚经济发展》。

中国正在进行的经济体制改革和政治体制改革中，中国传统文化中的哪些成分能够起到推动作用，哪些成分是阻碍改革的消极因素；儒家文化将扮演何种角色，"难于进取，可以守成"是否仍是儒学的主要特性；它是推动改革的进程，还是充当改革进程中的一种必要的社会稳定和协调因素；它在改革进程中，抑或在改革的目标实现以后，能否做出新的理论调整和转型；它的一些积极因素是被其他理论体系所吸收，还是使其能够重建自己的理论体系……这些问题有待于人们思考，更有待于改革的实践做出结论。现在可以明确的是，要实现有中国特色的社会主义现代化，离不开对中国传统文化的批判继承；做好中国传统文化的转型工作，是建设有中国特色的社会主义新文化的一项基本内容；在进行物质文明建设的同时，不能忽视精神文明特别是道德文明的建设；在积极推动社会改革的进程中，不能忽视社会秩序的稳定和协调。"长于进取，难以守成"，曾经是西方古希腊和古罗马文化的一个特点，也曾经是中国法家学说的一个特点；而"难于进取，可以守成"的儒家文化又曾经在中国封建社会的后期束缚了中国历史的发展。把"长于进取"和"可以守成"有机地结合起来，这应该是中国新文化建设的一项重要指标。

附录 《商君书》与汉代尊儒

——兼论商鞅及其学派与儒学的冲突

数年前，我曾作过一篇拙文，题为《秦后第一儒——陆贾》①。此文除论述了陆贾在"尊儒术，不黜百家"，主张"内圣外王，天人合策"和"开汉代史学、经学和词赋之先"等方面的思想特点和历史功绩外，在文章的第一部分主要强调了"汉代重儒，开自陆生"。文中引东汉王充所谓"《新语》陆贾所造，盖董仲舒相被服焉"（《论衡·案书》），又引近人唐晏所谓陆贾"前乎董公，人知重董，而不知重陆，慎矣"（《陆子新语校注》序），意在确认：为汉代尊儒立下定鼎之功的首先是陆贾，然后才是董仲舒。我想这一结论是正确的。但是，后来细读《商君书》的《开塞》篇，我认为有必要为这一结论作一补充，即：陆贾劝说汉代统治者尊儒的思想是渊源于《商君书》。

《商君书》的作者商鞅，不啻是汉代儒生的死敌。读《盐铁论》之《非鞅》篇，所谓"商鞅以重刑峭法为秦国基……知其为秦开帝业，不知其为秦致亡道也"，"商鞅以权数危秦国"，"今秦怨毒商鞅之法，甚于私仇……卒车裂族夷，为天下笑，斯人自杀，非人杀之也"，就可见汉代儒生对商鞅的仇视和鄙视。如果说汉代尊儒与《商君书》有关系，很可能被认为是开历史的玩笑。然而，历史的辩证法确实是不以人们的好恶而转移的，而且有时会出人所料。关于《商君书》与汉代尊儒的关系，确

---

① 此文载于《孔子研究》1992年第3期。

实被掩盖了两千年,现在将其揭示出来,我不敢确信人人都会赞成,但自忖为汉代尊儒立下定鼎之功的陆贾,如果地下有知,是会认可的。

一

首先,我想为商鞅本人洗刷一点儿罪恶,即商鞅在世时,儒法两家的冲突还没有达到你死我活的激化程度,商鞅本人并非儒学的死敌。这要从商鞅与《商君书》的关系谈起。

关于《商君书》是商鞅所自撰,从宋代黄震所著《黄氏日钞》开始怀疑,宋元之际马端临在《文献通考》中引《周氏涉笔》继其踵,《四库全书总目提要》认为此书"殆法家者流,掇鞅余论以成编",胡适在《中国哲学史大纲》中列举证据认为《商君书》是后人"假造的书"。胡适以前,怀疑或否定《商君书》是商鞅所撰者,都证据不足,而胡适所列举的证据可证《商君书》某些篇出于商鞅之后,并不能证明《商君书》全伪。刘咸炘在《子疏》卷八始提出,此书"不得全谓鞅作,亦不得谓全无鞅作也"。陈启天在《商鞅评传》中认为,"刘氏的看法,实比较一切旧说为精细,而且近真"。近年,高亨著《商君书注译》,对书中各篇采取分别观之。郑良树在《商鞅及其学派》一书中,更明确提出《商君书》是"商鞅及其学派的集体著作",并且对书中各篇思想的继承、同异、发展做了较详细的分析。笔者在对商鞅和《商君书》的研究中,参酌陈启天、高亨和郑良树等人之说,认为现传《商君书》中属商鞅自撰的是《垦令》和《境内》,疑为商鞅自撰的是《战法》《立本》《兵守》《外内》和《修权》,其余十七篇是商鞅后学所作。

郑良树指出,在商鞅后学所作的《农战》《去强》《说民》《靳令》《君臣》《慎法》《算地》等篇中,都将仁、义、《诗》、《书》、礼、乐等等列为"国害",这是儒法两家进入正面冲突的反映。而在商鞅自撰和疑为自撰的各篇中,只《垦令》篇列举了"五民",即"谞急之民"、"很(狠)刚之民""怠惰之民""资费之民"和"巧谀恶心之民",这说明商鞅在世时儒法两家尚未进入"正面冲突的阶段"①。

《韩非子·和氏》篇中有商鞅"燔《诗》《书》而明法令"之说,但此说在其他史籍中并无记载。《史记·商君列传》较详明地记述了商鞅在秦国两次变法的内容和过程,其中不见"燔《诗》《书》"的内容。我认为值得注意的是,在商鞅被车裂而死的前夕,一名儒门隐士即赵良曾登门造访,向他发出警告。商鞅对此人以礼相待,见面就说:"今鞅请得交,可乎?"赵良则说:"仆弗敢愿也。孔丘有言曰:'推贤而戴者进,聚不肖而王者退。'仆不肖,故不敢受命……"在以后赵良对商鞅的劝说、讽喻和威胁中,两次引《诗》曰"相鼠有体,人而无礼;人而无礼,何不遄死","得人者兴,失人者崩",一次引《书》曰"恃德者昌,恃力者亡"。商鞅对赵良的警告只是曲意为己维护,最终"弗从"而已,他并没有对赵良的言论声色俱厉地进行斥责和反驳。②如果商鞅确曾"燔《诗》《书》而明法令",那么赵良开口便言"孔丘",又两引《诗》一引《书》,商鞅对此能够容忍,这从双方来说都是不太可能的。

当然,洗刷掉商鞅本人与儒学正面冲突的罪恶,决不意味着商鞅有亲儒的倾向。商鞅变法一开始就是自觉地与儒家学说背道而驰的,这从商鞅初见秦孝公,先说以"帝道"和"王道"进行试探,最终说以"霸道"之"强国之术"而君臣契合,然后又与守旧派展开是"法古无过,循礼无邪"还是"当时而立法,因事而制礼"的御前辩论③,就可清楚地看出。商鞅与儒学的旨意相违背,这不是他本人的罪恶,而恰是商鞅变法的历史功绩。从现在看来,商鞅两次变法的各项内容,目的都是为了加强"耕战"以"富国强兵",而其中最具有历史意义的是:在秦国确立了土地私有制和君主集权的县制。以后,商鞅虽死,而"秦法未败

---

① 参见郑良树《商鞅及其学派》,上海古籍出版社1989年版,第97页。
② 事见《史记·商君列传》。
③ 事见《史记·商君列传》和《商君书·更法》。

也"(《韩非子·定法》)。正是因为有商鞅变法所确立的秦法、秦制,秦国才能经六世君主而"卒并六国",成就帝业。虽然秦帝国二世而亡,但"汉承秦制",土地私有制和君主集权制在中国延续了两千多年,其间虽有一些儒生仍以"复井田""复封建"为理想,但"三代之制"毕竟不可复返。商鞅变法之符合历史发展的潮流,一举而奠定中国两千多年的经济制度和政治制度,这是被历史证明了的,商鞅变法的巨大深远历史作用恐怕举世无能匹者。至于商鞅本人"天资刻薄"、背信欺魏将公子卬等人格和行为上的缺陷,这里无须赘论。

那么,在商鞅死后,儒法两家的冲突何以发展到你死我活的激化程度呢?我认为,这一方面与商鞅学派为适应战国中后期的战争形势,愈来愈强化"壹教"于"耕战"的单一的意识形态有关,另一方面与儒家学者对法家的"耕战"政策也日益采取激烈对抗态度有关。《商君书》各篇所列举的"国害"就是商鞅学派排斥除"耕战"思想之外的一切道德观念、思想学说的反映,而孟子大力宣扬"仁政",抨击"霸道",提出"善战者服上刑……辟草莱、任土地者次之"(《孟子·离娄上》),也可见儒家学者对法家之"耕战"的激烈对抗态度。儒法两家的冲突,从根本上说,是崇尚仁义和"尚力""任法"的冲突,是要不要道德观念、道德理想和要不要变法改制、富国强兵的冲突,是"竞于道德"而王天下和"争于气力"以霸天下的冲突。在这些方面,儒法两家是各有所得,也各有所失的,而历史的天平先是倒向了法家一边,秦亡后则倒向了儒家一边。

二

那么,说到本文的正题——《商君书》与汉代尊儒的关系又是如何呢?《商君书》中与汉代尊儒有关系的当然不是将仁、义、《诗》、《书》、礼、乐等等列为"国害"的那几篇，而是在中国哲学史上开创了历史进化论思想的《开塞》篇。

关于《开塞》篇是否为商鞅所自撰，学者间看法不一。陈启天和高亨将其列在"疑为自撰"的篇目中，郑良树则指出，商鞅本人是主张"厚赏重刑"的，《商君书》中的《垦令》《外内》《修权》和《农战》等篇即持"厚赏重刑"论，而《开塞》篇提出"刑多而赏少""刑九而赏一"，即主张"重刑轻赏"或赏只"施于告奸"，这与商鞅本人的思想不合。《商君书》中的《去强》《说民》《壹言》《靳令》等篇也持"重刑轻赏"论，《画策》篇则持"重刑不赏"论。《商君书》中持"厚赏重刑"论的各篇，虽不一定是商鞅自撰，但持"重刑轻赏"论和"重刑不赏"论的各篇，当肯定其作者不是商鞅本人。[①] 笔者认为，郑说可从。

所谓"开塞"，就是清除障碍、开拓新路的意思。《开塞》篇是商鞅学派的一篇以进化论历史观为思想基础的政论杰作。其开篇云：

> 天地设而民生之，当此时也，民知其母而不知其父，其道亲亲而爱私。亲亲则别，爱私则险。民众而以别险为务，则民乱。当此时也，民务胜而力征。务胜则争，力征则讼。讼而无正，则莫得其性也。故贤者立中正，设无私，而民说（悦）仁。当此时也，亲亲废，上贤立矣。凡仁者以爱为务，而贤者以相出为道，民众而无制，久而相出为道则有乱。故圣人承之，作为土地、货财、男女之分；分定而无制，不可，故立禁；禁立而莫之司，不可，故立官；官设而莫之一，不可，故立君；则上贤废而贵贵立矣。然则上世亲亲而爱私，中世上贤而说仁，下世贵贵而尊官。

这里提出的三世说，虽然在细节上不完全符合历史进化的实际情况，但大致反映了人类历史由母系社会到父系社会，由亲亲爱私到有一定的道德规范，由平等到尚贤，又由尚贤到尊官，由无法、无官、无君到有

---

① 参见《商鞅及其学派》，上海古籍出版社1981年版，第35—40页。

法、有官、有君的进化过程。《开塞》篇接着指出："上贤者，以道相出也；而立君者，使贤无用也。亲亲者，以私为道也；而中正者，使私无行也。此三者非事相反也，民道弊而所重易也，世事变而行道异也。"这就是说，亲亲、上贤和立君三个时代并不是行事彼此矛盾，而是社会发展到一定的阶段，因旧路已经衰弊而新路需要开拓所必然产生的变革；历史不仅是进化的，而且是有必然趋势可循的。在两千多年前的中国古代，能得出这样的历史观，不能不令人惊叹其思想的深刻！

在历史进化论的基础上，《开塞》篇论述了知与力、德与刑两种不同的治道适用于不同的时代："民愚则知可以王，世知则力可以王。……故神农教耕而王，天下师其知也；汤武致强而征，诸侯服其力也。夫民愚不怀知则问，世知无余力而服。故以〔知〕王天下者并（屏）刑，〔以〕力征诸侯者退德。""效于古者，先德而治；效于今者，前刑而法。"《开塞》篇从其历史进化论中引出的结论是当时应该尚力、重刑、任法。

《开塞》篇还指出：

> 立民之所乐，则民伤其所恶；立民之所恶，则民安其所乐。……故以刑治则民威，民威则无奸，无奸则民安其所乐。以义教则民纵，民纵则乱，乱则民伤其所恶。吾所谓刑者，义之本也；而世所谓义者，暴之道也。……故王者刑用于将过，则大邪不生；赏施于告奸，则细过不失。治民能使大邪不生、细过不失则国治，国治必强。一国行之，境内独治；二国行之，兵则少寝；天下行之，至德复立。此吾以杀刑之反于德，而义合于暴也。

这段话虽然是为其严刑峻法、"刑九而赏一"作辩护，但它认识到恶与乐、刑与德、义与暴在一定的条件下可以相互转化，这种历史的辩证法的合理内核也仍有值得肯定的意义。

《开塞》篇的历史进化论思想对以后中国哲学的历史观的影响，这里毋庸详述。我们只需举出《韩非子·五蠹》篇在讲了"上古之世""中古之世""近古之世"如何如何之后,说"是以圣人不期修古,不法常可,论世之事,因为之备","上古竞于道德,中世逐于智谋,当今争于气力",就已可见对《开塞》篇思想的继承和发展了。

《开塞》篇中历来被人们所忽视的是这样一段话:

> 周不法商,夏不法虞,三代异势而皆可以王。故兴王有道,而持之异理。武王逆取而贵顺,争天下而上让,其取之以力,持之以义。

这段话表明的当然还是法家对历史的见解。关于三代沿革,孔子曾说过:"殷因于夏礼,所损益可知也;周因于殷礼,所损益可知也。其或继周者,虽百世可知也。"(《论语·为政》)儒家虽承认历史的"损益"渐变,但更重视历史的相"因"继承,这是与儒家所主张的"从周""法古""循礼"相联系的;法家则更强调历史的变革,认为"周不法商,夏不法虞,三代异势",商鞅在与保守派辩论时就已说过"三代不同礼而王""汤武不循礼而王"(《史记·商君列传》),这当然是为法家的变法改制寻求理论依据。关于汤武之取天下,儒家认为是以德服天下,法家则认为"汤武致强而征,诸侯服其力也"(《商君书·开塞》),由此,《开塞》篇才转而陈述"武王逆取而贵顺,争天下而上让,其取之以力,持之以义"。

现在,让我们看看秦后第一儒——陆贾是怎么劝说汉高祖刘邦尊儒的。史载:

> 陆生时时前说称《诗》《书》。高帝骂之曰:"乃公居马上而得之,安事《诗》《书》!"陆生曰:"居马上得之,宁可以马上治之乎?且汤武逆取而以顺守之,文武并用,长久之术也。昔者,吴王夫差、智伯极武而亡,秦任刑法不变,卒灭赵氏。乡(向)使秦已并天下,行仁义,法先圣,陛下安得而有之?"高帝不怿而有惭色……(《史记·陆贾列传》)

这里的"汤武逆取而以顺守之",不就是《开塞》篇所言"(汤王)武王逆取而贵顺"吗?这里不仅是言词的相袭而已,更应考虑到儒法两家对"汤武革命"的见解的不同。在儒家看来,"汤武革命"是以德服天下,是"顺取"而非"逆取",如孟子所说:"以力假仁者霸,霸必有大国;以德行仁者王,王不待大,汤以七十里,文王以百里。以力服人者,非心服也,力不赡也;以德服人者,中心悦而诚服也,如七十子之服孔子也。"(《孟子·公孙丑上》)因而,陆贾的"汤武逆取"之说,不是儒家之言,而正是《开塞》篇所讲的"(汤王)武王逆取",亦即《开塞》所谓"汤武致强而征,诸侯服其力也"。承认了汤武是"逆取而以顺守之",也才有后面的"文武并用";而"文武并用",也就是《开塞》篇所谓"取之以力,持之以义"。

《商君书》虽然有不少商鞅后学所作的作品,但至战国后期已编辑成书,并在社会上广泛流传。《韩非子·五蠹》篇说:"今境内之民皆言治,藏商、管之法者家有之……"所谓"商、管之法"当是指商鞅、管仲的书。《韩非子·内储说上》引"公孙鞅曰:'行刑,重其轻者,轻者不至,重者不来,是谓以刑去刑。'"这段话见于现传《商君书》的《靳令》篇,唯"行刑"作"行罚"。既然《商君书》在战国后期已经是"境内之民……家有之",而秦统一中国后仍是实行"以法为教",那么生当秦汉之际的饱学之士——陆贾绝不会略过这部书不读。在汉初学者的眼中,《开塞》篇是《商君书》中最有代表性的一篇,如《淮南子·泰族训》提到"今商鞅之《启塞》、申子之《三符》、韩非之《孤愤》……"其中"《启塞》"无疑就是《开塞》。司马迁在《史记·商君列传》中也说:"余尝读商君《开塞》《耕战》书,与其人行事相类。"其中"《耕战》"即现传《商君书》的《农战》。既然《开塞》篇在汉初被认为是《商君书》中最有代表性的一篇,那么陆贾曾仔细读过《开塞》篇是不应有疑义的。我想,正是因为陆贾仔细读过《开塞》篇,而且其中的"武王逆取而贵顺……取之以力,持之以义"给他留下了较深刻的印象,他结合秦亡汉兴的时事对此也作过较深入的思考,所以他在应答刘邦对儒学的轻视时才能随口说出"汤武逆取而以顺守之……",另外，汉初的贾谊在总结秦亡的教训时也曾说过"仁义不施而攻守之势异也"（《新书·过秦上》）。我认为，贾谊此说当是受陆贾思想的影响，因而可间接溯源于《开塞》篇。

寻到了汉初尊儒的思想渊源，绝不是有贬于陆贾在汉初尊儒中所起的历史作用。因为需要探讨的是，在战国后期《商君书》已是书文俱在，何以《开塞》篇"武王逆取而贵顺……取之以力，持之以义"的思想没有引起包括韩非子在内的法家学者的关注，在秦统一中国后更是湮没不闻？我认为，商鞅后学对此应负一定的责任，因为《商君书》虽然不乏历史的进化论和辩证法的思想，但这些主要是为其尚力任法的政治主张作论证的，在《商君书》中更多地充斥着力与知、刑与德的对立，而且商鞅后学也愈来愈强化单一的意识形态，把愈来愈多的道德条目、文化典籍以及"博闻""辩慧"等等列为"国害"。这种极端化、绝对化的做法，无疑遮掩了《商君书》中随着历史阶段的变化而须调整治国方策的辩证法的思想光辉。商鞅学派的文化专制主义，在韩非子的思想中得到了继承和发展，他所谓"五蠹"可以说是《商君书》列举"国害"的继续，他所谓"用其力不听其言，赏其功必禁无用"，"无书简之文，以法为教；无先王之语，以吏为师"（《韩非子·五蠹》），更把文化专制主义推向了极端和绝对。史载："秦王见《孤愤》《五蠹》之书，曰：'嗟乎！寡人得见此人与之游，死不恨矣。'"（《史记·韩非列传》）在韩非子和李斯等人的影响下，秦始皇在统一中国后将文化专制主义推行全国，以致采取了"焚书坑儒"的激烈措施。这样，在《商君书》中本来就受到遮掩的"武王逆取而贵顺……取之以力，持之以义"的思想，便被彻底淹没在"焚书坑儒"的血火之中了。

蔑视辩证法是不能不受惩罚的！"秦任刑法不变"，遂二世而亡。历史的经验教训证明：由法家所建构的那套经济制度和政治制度，如果缺少了儒家的"仁义"、道家的"无为"等等思想文化的制导和调节，很快就会陷入社会危机和王朝灭亡。正是面对秦亡汉兴的新的形势，《开塞》篇中已被淹没的思想光芒才能重现于陆贾的眼前，他才能奉告新的统治者："向使秦已并天下，行仁义，法先圣，陛下安得而有之？"陆贾率先总结秦亡的经验教训,并且成功地说服了刘邦(《史记·孔子世家》和《汉书·高帝纪》载,刘邦在途经山东曲阜时"以太牢祀孔子"),虽然《开塞》篇给了陆贾以思想文献方面的启示,但汉代尊儒的创始之功仍是属于陆贾的。

从一定的意义上可以说,中国两千多年的封建社会,主要是法家提供了"硬件"——经济制度和政治制度,而儒家提供了主要的"软件"——给这套制度赋予了灵魂和缓冲、润滑机制。当然,儒家学说是经过了汉儒的理论调整和吸收道、法、阴阳等家的思想因素才适应这套制度的,陆贾和董仲舒等人都做了这方面的工作。商鞅学派是"硬件"的奠基者,而陆贾在"硬件"与"软件"的结合上立下首功;如果说《商君书》的《开塞》篇在"软件""硬件"的结合上起一点儿中介的思想渊源的作用,那么这一功也是值得书一笔的!在记下这一功时,是坚持辩证法还是蔑视辩证法,能不能随着历史阶段的变化而改革、而调整治国方策,这一历史的经验教训也是值得今人深思的!

(原载《中国社会科学院研究生院学报》1998 年第 1 期)